KB212141

WHY STUDY THE PAST?

과거의 의미

역사적 교회에 관한 신학적 탐구

이 도서의 국립중앙도서관 출판예정도서목록(CIP)은
서지정보유통지원시스템 홈페이지(http://seoji.nl.go.kr)와
국가자료공동목록시스템(http://www.nl.go.kr/kolisnet)에서
이용하실 수 있습니다. (CIP제어번호 : CIP2019023901)

WHY STUDY THE PAST?

과거의 의미

역사적 교회에 관한 신학적 탐구

로완 윌리엄스 지음

양세규 옮김

비아
VIA

| 차례 |

일러두기

1. 역자 주석의 경우 *표시를 해 두었습니다.

2. 성서 표기와 인용은 원칙적으로『공동번역개정판』(1999)을 따르되 원문과 지나치게
   차이가 날 경우에는 대한성서공회판『새번역』(2001)을, 이 또한 지나치게 차이가
   날 경우에는 역자가 영어 본문을 한국어로 옮겼음을 밝힙니다.

이 책의 목적은
교회의 역사를 신학적으로 신중하게 읽는 법을
제시하는 데 있습니다.

들어가며

이 책은 2003년 5월 솔즈베리 대성당에서 사룸 칼리지의 후원으로 열린 일련의 강연에 바탕을 두고 있습니다. 강연할 기회를 준 사룸 칼리지와 질의 및 토론에 참여한 모든 분께 깊은 감사를 전합니다. 나아가 행사를 주관하며 본당의 추위와 음향 문제를 해결하는 등 너그러운 마음으로 협조를 아끼지 않은 대성당의 모든 관계자분께도 깊이 감사드립니다. 이 책은 그때 진행한 강연을 증보한 것으로 이를 통해 저는 다양한 생각을 좀 더 분명하게 가다듬고, 토론에서 제기된 몇몇 질문에 간접적으로나마 답변하고자 했습니다.

이 책을 통해 이야기하고자 하는 바는 근본적으로 세 가지입니다. 먼저 역사는 우리가 누구인지, 또 우리가 지금 살아가는 세상이란 무엇인지를 더 잘 이해하는 데 도움을 주는 하나의 연결된 이야기라는 것입니다. 이는 역사가 그저 과거에 일어난 일들에 관한 목록을 나열하는 것이 아니라 일어난 일들의 중요성을 판단하고 이에 따라 일정하게 배치하는 방식으로 글을 남기는 활동임을 뜻합니다. 그리고 역사적 사건들의 중요도를 결정하는 일과 사건들의 배치는 종종 (어쩌면 언제나) 특정한 도덕적 판단과 연결되어 있습니다. 좋은 이야기는 그 이야기가 다루는 주제에 관해, 그리고 그 이야기를 다루는 우리에 관해 좀 더 잘 이해할 수 있게 하는 '정의'definition를 제공하기 마련입니다. 역사는 우리가 사건들을 정의할 수 있도록 돕습니다. 좋은 역사 서술은 우리가 꽤 잘 이해하고 있다고 여기던 사건들을 다시 되돌아보게, 다시 정의하게 합니다. 우리에게 익숙한 것뿐 아니라 낯선 것도 다루기 때문입니다. 좋은 역사 서술은 과거가 "낯선 나라"이면서도 '우리의' 어제라는 사실을 보여줍니다.*

이는 (다른 제도, 혹은 기관들의 역사와 마찬가지로) 교회의 역사에도 적용됩니다. 교회의 정의가 이전보다 흐릿해졌다는 판단이 들 때, 혹은 교회가 무엇인가 잘못되었다고, 잘못된 정의를 따른다고 여길 때 사람들은 이에 맞서기 위한 실천으로서 교회의 역사에 주목합니다. 그렇기에 교회의 역사가 기록되는 과정을 돌아보면 교회가 무엇인지에 대해 좀 더 명확한 정의를 내리려는 사람들을 만나게 됩니

---

* L.P. 하틀리L.P. Hartley의 소설 『중개인』The Go-Between에 나오는 표현이다.

다. 어떤 이들은 일종의 음모론을 통해서만 분명한 답을 얻을 수 있다고 생각합니다. 처음에는 어떠한 왜곡도, 변형도 없던, 지극히 올바른 어떤 것이 다른 어떤 것(희랍의 철학, 로마식 율법주의, 교황, 가부장제, 군주정 등)에 의해 왜곡되고 변형되었으며 망가졌다는 식이지요. 그러나 이러한 시각은 또 다른 도전을 받을 수밖에 없습니다. 역사란 분명한 연속성을 지니고 있기 때문입니다. 이 책은 먼저 이와 관련해 서로 다른 시대의 이야기들을 살펴보려 합니다.

두 번째로 생각해 볼 문제는 좀 더 깊은 차원의 문제입니다. 교회는 자신이 현존하는 가장 포괄적인 사회이자 새로운 인류를 낳는 곳이라고 말합니다. 다시 말해 교회는 역사적 사건이나 문화와 같은 인간 행동의 산물이 아니라 하느님의 활동으로 세워진 곳이라고 그리스도교는 믿습니다. 이러한 맥락에서 교회의 역사를 쓰려는 그리스도인은 교회가 하느님께서 교회를 세우셨다는 자신의 기원을 어떻게 입증했는지를 추적할 때, 혹은 자신의 기원에 관한 주장을 약화하는 정식이나 관습을 어떻게 피하려 했는지를 살필 때 여러 도전을 마주하게 됩니다. 이 책의 2장과 3장에서는 교회의 역사 중 초창기와 종교개혁 시기 쓰라린 논쟁을 다루면서 사람들이 과거와 현재에 대해 어떠한 태도를 보였는지, 교회를 어떻게 이해했는지를 살펴보겠습니다. 이 시기들을 다시 살펴봄으로써 저는 교회가 하느님에게서 나온다는 믿음에 바탕을 둔 이론들을 접할 때 생각해 보아야 할 몇 가지 중요한 사항들을 짚어보고자 합니다.

이 책의 목적은 교회의 역사를 신학적으로 신중하게 읽는 법을 제시하는 데 있습니다. 신학적 관심사가 역사적 문제를 결정해야 한다는 말이 아닙니다. 그리스도교의 과거를 살필 때 다양한 동기와 사회 · 정치적 조건을 고려할 필요가 없다는 뜻도 아닙니다. 좋은 신학은 나쁜 역사 서술에서 나오지 않습니다. 분명 과거의 몇몇 교회사 서술들은 나쁜 역사를 빚어냈습니다. 그 서술들은 역사적 사건들에 성급하게 특정한 신학적 관심사와 영성의 옷을 입혔기 때문입니다. 그리스도인은 과거에 있던 그리스도인들, 오늘을 살아가는 그리스도인들, 미래를 살아갈 그리스도인들이 그리스도의 몸으로 서로 연결되어 있다고 믿습니다. 교회라는 공동체 안에서, 공동체를 통해 각 구성원은 모든 삶에 고유한 발자취를 남깁니다. 이것이 제가 이 책에서 강조하고픈 세 번째 사항입니다. 그리고 이러한 맥락에서 그리스도인이 그리스도교 역사를 공부한다는 것은 오늘날 자신의 믿음을 형성한 것, 자신의 믿음에 자양분을 제공한 것을 발견하고 다시 한번 이에 귀 기울이는 것을 뜻합니다. 그리스도인에게 과거란 그저 슬프고 끔찍하며, 어리석은 오류로 가득한 기록으로 종결될 수 있는 것이 아닙니다. 설사 과거가 슬프고 끔찍하며, 어리석은 일들로 가득하다 해도 말이지요. 과거 안에는 언제나 기대할 만한 것이 있습니다. 우리는 과거를 살펴봄으로써 훨씬 더 성숙한 그리스도인이 될 수 있습니다.

이 책이 과거를 살피는 방식은 전통을 중시하는 입장이든, 새로운 혁신이 필요하다고 주장하는 입장이든 오늘날 다수가 행하는 방식과는 다릅니다. 앞으로도 계속 이야기하겠지만 전통을 중시하는 사람들은 자신에게 익숙한 과거만 살피고 과거의 낯선 면모를 간과하기 때문에, 그리하여 과거가 어떤 놀라움도 일으킬 것이라고 여기지 않기 때문에 중요한 지점을 놓치곤 합니다. 새로운 혁신이 필요하다고 주장하는 사람들은 과거에 별다른 관심을 두지 않기 때문에, 과거가 오늘날 자신을 향해 질문을 던질 것이라고 기대하지 않기 때문에 중요한 지점을 놓칩니다. 오늘날 문화는 사람들에게 역사에 대한 분별력 있는 이해를 권하지 않습니다. 이러한 와중에 과거와 마주했을 때 적잖은 그리스도인들이 다른 사람과 마찬가지로 어떻게 해야 할지 몰라 혼란스러워한다는 것은 그리 놀라운 일이 아닙니다.

이 책을 통해 독자 여러분이 그리스도교 역사와 마주해 놀라움을 경험하기를, 과거가 어떠한 질문을 던지고 있는지 체험해 보기를 바랍니다. 많은 이야기를 포괄적으로 하려 했기에 때로는 익숙하지 않은 내용을 익숙한 내용처럼 쓴 부분이 있습니다. 또한 실제로는 복잡한 과정을 지나치게 단순하게 기술한 부분도 있습니다. 미리 독자 여러분의 양해를 구합니다. 책을 쓰기 시작한 순간부터 마무리할 때까지 전문 역사가들, 과거를 놀라워하고 과거의 도전에 정직하

게 응하려 하는 수많은 이가 도움을 주었습니다. 루이스 아이레스
Lewis Ayres*와 팀 반스Tim Barnes,* 케이트 쿠퍼Kate Cooper,* 브라이언 골딩
Brian Golding, 주디스 헤린Judith Herrin,* 션 휴즈Sean Hughes, 엘리자베스 맥
팔레인Elizabeth Macfarlane, 주디스 몰트비Judith Maltby,* 디아메이드 맥클로
흐Diarmaid MacCulloch*, 캐런 토르예센Karen Torjesen*의 도움과 우정, 그들
이 제시한 사례가 없었더라면 이 책은 나올 수 없었을 것입니다. 그

---

* 루이스 아이레스(1966~)는 가톨릭 역사가로 듀크 대학교를 거쳐 더럼 대학교 신학부
에서 교부학을 가르치고 있다. 그는 특히 아우구스티누스와 희랍 교부들의 삼위일체
론에 관한 전문가로, 『니케아 공의회와 그 유산』Nicaea and Its Legacy: An Approach to Fourth
Century Trinitarian Theology(2004/6)은 이 주제에 관한 가장 권위 있는 현대 문헌 가운데 하나
다. 최근에는 초기 그리스도교 성서 해석 방법론의 발전에 주목하며 다수의 논문을
발표하고 있다.

* 티모시 반스(1948~)는 그리스도교와 고대 후기 로마 제국의 관계에 관한 전문가로 토
론토 대학교에서 오랫동안 역사를 가르치며 콘스탄티누스의 개종과 그의 통치가 그
리스도교에 미친 장기적 영향에 관해 꾸준한 관심을 가지며 여러 편의 저서를 남겼
다. 특히 저서 『콘스탄티누스와 에우세비우스』Constantine and Eusebius(1981)는 에우세비우
스에 관한 중요한 연구서 중 하나로 꼽힌다.

* 주디스 헤린(1942~)은 고고학자이자 역사가로 비잔티움 고고학과 비잔티움의 여성,
비잔티움과 아랍 세계 및 서유럽 세계의 관계에 관한 권위자로 평가받는다. 런던 대
학교 킹스 칼리지 고전학부에서 역사를 가르쳤으며 현재 명예교수로 활동 중이다.
『비잔티움』Byzantium: The Surprising Life of a Medieval Empire은 그녀의 연구 성과를 압축한 저작
으로 비잔티움 역사 전반을 개관하는 탁월한 작품으로 꼽히며 한국에서도 『비잔티움:
어느 중세 제국의 경이로운 이야기』(글항아리)로 소개된 바 있다.

* 주디스 몰트비(1957~)는 미국 출신의 교회사가로 옥스퍼드 대학교 신학부에서 가르친
다. 1994년 잉글랜드 성공회 최초로 사제 서품을 받은 여성 가운데 한 사람이다. 잉글
랜드 종교개혁에 뒤따른 역사적 상황 및 영국 내전 등에 주목하며 여러 편의 논문과
저작을 발표했다.

* 디아메이드 맥클로흐(1951~)는 영국의 교회사가로 옥스퍼드 대학교에서 신학부에서
가르친다. 세계적인 교회사 학술지 『교회사 저널』Journal of Ecclesiastical History의 편집위원
을 역임했다. 영국 성공회에서 부제 서품을 받았으며 종교개혁 및 튜더 시대 잉글랜
드에 관한 광범위한 연구를 남겼다. 한국어로 번역된 저서로는 『종교개혁의 역사』(기
독교문서선교회), 『3천년 기독교 역사 1,2,3』(기독교문서선교회), 『그리스도교의 역사와 침
묵』(기독교문서선교회), 『영국의 종교개혁』(기독교문서선교회) 등이 있다.

들을 포함한 내 동료들에게, 그리고 언제나 그랬듯 제인에게 감사를
전합니다.

2004년 대림절, 람베스에서

로완 윌리엄스

---

* 캐런 토르예센(1945~)은 미국의 교부학자로 클레어몬트 대학교에서 가르친다. 초기
그리스도교의 젠더와 섹슈얼리티 구성, 교회의 권위와 제도화의 문제, 고대 후기의
해석학과 수사학, 희랍 및 라틴 교부 전통에 대한 비교연구 등에 관심이 있다. 공동
편집자로 참여한 『여성과 그리스도교』Women and Christianity는 이 주제에 관한 매우 방대
한 내용을 담고 있다. 대표 저작인 『여성이 사제였던 시절』When Women Were Priests(1993)에
서 그녀는 초기 그리스도교가 사적인 영역에서 공적인 영역으로 이동하며 여성의 참
여를 억압하기 시작했다고 주장해 학계에서 뜨거운 토론을 불러일으켰다.

역사는 누군가 아무런 의도도 없이 어떤 중립적인 공간에서
사건들을 나열하는 시도의 산물이 아닙니다.
역사를 서술하는 사람은 자신이 다루고자 하는 주제가 무엇인지,
문제가 무엇인지를 더 분명하게 식별하기 위해 노력합니다.
그러한 의미에서 누구에게나, 언제 어디서나
똑같이 적용될 수 있는 역사는 없습니다.

01

역사 만들기

우리는 과거에서 무엇을 기대하는가?

I

   누군가 세상이 변하지 않았음을 증명하려 할 때 실제로는 분명 무엇인가가 심각하게 변해 있는 경우가 많습니다. 아무것도 변하지 않았음을 증명해야 한다는 착상, 느낌 자체가 한때 당연시했던 것들이 더는 당연시되지 않는다는 판단과 느낌에 기원을 두고 있기 때문이지요. 무엇인가 변하고 있다는 사실을 감지하지 못했다면 그러한 질문은 애초에 일어나지 않았을 것입니다. 있는 게 분명하고 자연스러워 보이는 무엇인가에 관해 그 무엇인가가 실제로 있음을 애써 증명해야 한다면 그 입증의 성공 여부와 별개로 현실에 일정한 균열이 일어났다고 할 수 있습니다. 무엇인가가 있는 게 분명하고 자연스러위 보인다는 것을 더는 모든 사람이 당연하게 받아들일 수 없게 된 것입니다.

어린아이는 자서전을 쓰지 않는 법입니다. 로마 가톨릭 성서학자 로널드 녹스Ronald Knox가 네 살배기 아이였을 시절, 잠이 안 올 때 무얼 하냐는 질문을 받자 그는 누워서 지난날을 되돌아본다고 답했다 지만 이는 아무래도 유별난 경우겠지요. 자신의 삶을 되돌아보고 그 삶에 대해 어떻게 이야기할지를 생각하기 시작하는 때는 좀 더 나이가 들었을 때, 즉 자신이 예전과는 무엇인가 달라졌다는 사실을 인지하기 시작할 때입니다. 우리가 공유하는 과거에 관한 이야기, 즉 역사를 이야기할 때도 마찬가지입니다. 역사는 누군가 아무런 의도도 없이 어떤 중립적인 공간에서 사건들을 나열하는 시도의 산물이 아닙니다. 역사를 서술하는 사람은 자신이 다루고자 하는 주제가 무엇인지, 문제가 무엇인지를 더 분명하게 식별하기 위해 노력합니다. 그러한 의미에서 누구에게나, 언제 어디서나 똑같이 적용될 수 있는 역사는 없습니다. 누군가 '1066년에 무슨 일이 일어났는가?'라는 질문을 던졌다고 해봅시다. '영국' 독자들에게 이 질문은 분명한 정답(헤이스팅스 전투Battle of Hastings)이 있는 단순한 질문처럼 보일 것입니다. 하지만 이러한 생각은 질문자가 이야기하는 것을 듣는 이 모두가 알고 있다는 것을 전제하고 있습니다. 잉글랜드라고 불리게 될, 지역 세력들의 느슨한 연합을 통치하던 이에 관한 이야기 말이지요. 실제로 1066년에는 이 사건만 일어난 게 아닙니다. 그리고 중세 인도네시아의 연대기 작가에게 이 질문을 던진다면 해당 시기에는 별다른 사건이 일어나지 않았다고 답할 수도 있습니다(아니, 애초에 1066년이라는 서력보다 지역 연호를 사용해 묻는 것이 적절하겠지요). 더 나아가 1066년이라는 날짜 또한 그리스도교 세계, 팔레스타인에서 1000년도 전에 일어난 특정 사건이 빚어낸 이야기를 따르는 표현입니다.[1] 역사를 쓰기 위한 '격자'grid는 단일하지 않습니다. 그 격자는 '지금, 우리'가 누구인지에 관한 물음을 해결하기 위해, '우리'가 만들어내는 것이기 때문입니다.[2] 우리는 특정 주제(인물, 국가, 과정, 관습)에 관해, 그것이 무엇인지 정의를 내리기 위해 이야기 방식을 채택합니다. 특정 주제는 이야기를 통해 무언가로 존재하게 되며 세월을 지나도 그 생명력을 유지할 수 있게 됩니다.

노먼 데이비스Norman Davies가 쓴 『섬』The Isles과 같은 최근의 대중 역사서는 '브리튼'Britain의 역사를 쓰고자 할 때, 우리가 브리튼이 의미하는 바를 알고 있다는 가정에 도전을 던지면서 그 내용을 시작합니

---

[1] 연대기와 그 추정에 대한 전반적 문제에 있어서는 Hayden White, 'The Value of Narrativity in the Representation of Reality', *On Narrative* (University of Chicago Press, 1981), 1~232, 특히 7~11에서 뛰어난 통찰을 엿볼 수 있습니다.

[2] 이후 분명히 언급하겠지만 이것이 역사적으로 거리를 두는 일이 불가능하다거나 착각이라고 말하는 것은 아닙니다. 리처드 J. 에반스Richard J. Evans는 *In Defense of History* (London, Granta Books, 1997) 7장에서 역사를 서술할 때 불가피하게 반영되는 특정한 정치적 관심과 비판적 거리 두기의 필요성 사이의 균형에 대해 논합니다. 특히 221쪽 이하의 내용, 모든 역사는 정체성 만들기라는 그의 논의를 참조하기 바랍니다.

다. 그는 질문합니다. '특정 연안의 섬들을 한데 묶어, 그것들이 '당연히' 브리튼이라는 하나의 단위에 속한다고, 동일한 특징과 일정한 방향을 공유한다고 생각할 때 이를 통해서 우리는 정확히 무엇을 하고 있는 것인가?' 다양하게 답변할 수 있겠지만, 적어도 분명한 한 가지는 분명합니다. 이러한 시도는 우리의 조부모나 증조부모가 당연시하던, 그들이 갖고 있던 잉글랜드와 그 주변 지역들에 대한 상像으로 이 섬의 과거를 바라보는 것이 '당연하다'는 믿음을 강화하려 한다는 것입니다. 이때 저 상에 어긋나는 어색하고 불편한 사실들은 어떠한 방식으로든 순화되거나 무시됩니다. 때로는 저 믿음에 부합하는 이야기를 채우기 위해 또 다른 사실들이 이야기의 중심부를 채우게 될 때도 있습니다. '그때, 그곳'에 실제로 있던 이들이 이를 본다면 당혹감을 감추지 못할 정도로 말이지요.[3]

'객관적'objective 역사에 대한 불신이 유행이 되었고 역사가의 선입견에 대한 극단적 회의주의가 어떠한 역사 서술도 신뢰하지 못하게 만드는 결과를 낳기도 했지만 여기서 제가 이야기하려는 것은 역사 이야기, 역사 서술이 잘못되었다거나 거짓이라는 말이 아닙니다. 제가 이야기하려는 것은 누군가 역사에 다가가는 순간, 혹은 역사를 쓰려고 하는 순간, 그 역사에 관한 이야기 방식을 결정하는 순간 그는 자신이 어떠한 물음에 대답하고 있는지를, 아니면 정확하게 깨달

---

[3] Norman Davies, *The Isles: A History* (London, Macmillan, 2000), 6장을 참조하십시오.

지는 못했으나 어떤 것에 대한 답변을 시도하고 있음을 깨닫게 된다는 것입니다. 이는 이 장 처음에 제기한 물음을 상기시킵니다. 현실이 변하지 않는다는 것을 당연하게 받아들일 수 없게 되었을 때, 무언가 변화가 일어났을 때, 균열이 일어났을 때 우리는 그 균열을 메우고 우리가 누구인지를 다시 정의하기 위해 집단 기억을 정리하며 역사를 씁니다. 이와 관련해 프랑스 철학자 미셸 드 세르토Michel de Certeau[*]는 말했습니다.

> (근대적인 의미에서) 역사와 혁명은 함께 태어난다.[4]

공동 경험에 중대한 균열이 발생할 때 어떤 식으로든 과거는 낯선 모습으로 다가옵니다. 이 낯섦을 설명하는 일, 그리고 혁명이라는 경험에 놓인 새로운 기초를 옹호하거나 반박하는 일은 함께 일어납

---

[4] Michel de Certeau, *L'étranger, ou l'union dans la différance* (Paris, Desclée de Brouwer, 1991), 105.

[*] 미셸 드 세르토(1925~1986)는 프랑스의 철학자이자 신학자, 역사학자다. 프랑스 남부 샹베리에서 태어나 그르노블 대학 등에서 철학을 공부한 뒤, 1950년 예수회에 들어가 1956년 사제 서품을 받았다. 1960년 소르본 대학에서 예수회 공동 창립자인 피에르 파브르의 신비주의 사상에 대한 논문으로 박사학위를 받았다. 이후 파리8대학 등에서 강의하다 1978년 미국으로 건너가 캘리포니아 대학에서 가르쳤다. 1984년 파리로 돌아와 사회과학고등연구원에서 '신앙의 역사인류학' 분과를 맡아 강의를 하다 1986년 1월 암으로 세상을 떠났다. 역사와 철학, 신학과 인류학, 정신분석과 문화연구를 넘나들며 다양한 저작을 남겨 20세기 프랑스 지성사에 독특한 흔적을 남긴 이로 평가받는다. 주요 저서로『이방인 혹은 차이 속의 결합』*L'étranger, ou l'union dans la différance*,『루됭의 마귀들림』*La Possession de Loudun*,『복수형의 문화』*La Culture au Pluriel*,『역사의 글쓰기』*L'écriture de l'histoire* 등이 있으며 한국어로는 『루됭의 마귀들림』(문학동네)이 소개된 바 있다.

니다. 다른 몇몇 철학자들과 마찬가지로 세르토는 역사가는 역사를 씀으로써 '근대적 심성'modern mentality('진보적'progressive인 만큼이나 '보수적'conservative인)을 형성하는 의제를 구축한다고 말합니다.

이른바 근대적 심성이 지닌 문제점들을 볼 수 있도록 도움을 준다는 점에서 세르토의 주장은 유익합니다(근대적 심성이 지닌 문제점들에 관해서는 뒤에서 좀 더 살펴보도록 하겠습니다). 역사 쓰기와 공동 경험의 관계는 근대와 관련해서는 꽤 분명해 보이지만, 이에 관한 좀 더 근원적인 질문은 그리스도교 언어가 탄생한 시점, 즉 성서가 쓰인 시기까지 올라간다고 할 수 있습니다. 그것이 함축하는 바가 표면 위로 오르게 된 것은 19세기에 이르러서부터라고 할지라도 말이지요. 이와 관련해 프랑스 신학자 앙리 드 뤼박Henri du Lubac*의 말을 곱씹어 볼 필요가 있습니다.

---

* 앙리 드 뤼박(1896~1991)은 프랑스 예수회 수사이자 신학자다. 프랑스 북부 캉브레에서 태어나 1913년 예수회에 입문했다. 프랑스군으로 1차 세계대전에 참전하였으나 큰 부상을 입고 제대했다. 이후 잉글랜드와 채널 제도, 프랑스에서 공부했고, 모리스 블롱델 등과 교류하며 큰 영향을 받았다. 1927년 사제품을 받고 1929년부터 리옹 가톨릭대학교에서 가르쳤다. 그는 신스콜라주의의 사변적 접근을 비판했으며, 초대교회의 고전적인 영성 전통으로 돌아갈 것을 촉구했다. 1958년 프랑스 학술원 회원으로 추대되었으며, 1960년 교황 요한 23세에 의해 제2차 바티칸공의회의 준비 위원과 자문위원으로 활동했다. 트리엔트 공의회 이후 상당 부분 경시된 고대 교회의 풍요로운 영성 전통에 교회가 다시 주목하게 된 것은 드 뤼박의 공헌이다. 그는 또한 교부 시대와 중세 문헌의 프랑스어 대역본인 '그리스도교 원전'Sources Chrétiennes 사업의 창시자 가운데 한 명이기도 하다. 대표적인 저작으로 『가톨릭주의』Catholicisme: les aspects sociaux du dogme(1938), 『초자연적인 것』Surnaturel: Études historiques(1946) 등이 있으며, 한국어 번역서로는 『그리스도교 신비사상과 인간』(수원가톨릭대출판부)이 있다.

그리스도교는 역사의 위대한 작품이 아니다. 역사가 그리스도교의 위

대한 작품이다.[5]

좀 더 정확하게는, 성서가 하는 일 자체가 역사 서술의 중요한 토대를 형성한다고 할 수 있습니다. 유대 백성은 혼란과 붕괴(이집트 탈출, 왕정 수립, 왕정 분열, 포로 신세로의 전락)가 이어진다는 관점 아래 자신의 역사를 서술했습니다. 최근 몇몇 학자들은 히브리 성서가 바빌로니아의 정책을 따라 훗날 '유대'라고 불리게 된 곳으로 이주당한 뿌리 없는 정착민에게 족보를 마련해 주기 위한 일종의 역사 소설이라고 주장합니다.[6] 이러한 주장은 구약성서의 바탕이 되는 실제 집단 기억에 관한 서술로는 설득력이 떨어지지만, 적어도 구약성서가 거대한 단절과 실패, 유랑으로부터 일관된 그림을 끌어내려 한다는 점을 상기시킨다는 점에서는 의의가 있습니다.

신약성서의 저자들 또한 같은 문제의식을 느끼고 있었습니다(설사 신약성서가 구약성서보다 좀 더 극적인 용어들을 사용했다 할지라도 말이지요). 신약성서를 이루는 최초의 문헌들이 기록될 시점에 그리스도인들은 자신들이 유대인과 어떠한 점에서 같고 어떠한 점에서 다른지

---

[5]   Henri du Lubac, *Paradoxes of Faith* (San Francisco, Ignatius Press, 1987), 145.

[6]   상세하고 잘 정리된 요약은 Thomas L. Thompson, *The Bible in History. How Writers Create a Past* (London, Jonathan Cape, 1999)를 참조하기 바랍니다. 이에 대한 비판으로는 다음 저작을 살펴볼 수 있겠습니다. V. Philips Long, D. W. Baker, G. J. Wenham, *Windows into Old Testament History* (Grand Rapids, Eerdmans, 2002)

를 고민했습니다. 간단하게 답할 수 있는 문제가 아니었지요(몇 가지 중요한 지점에서 이는 여전히 해결되지 않았다고 할 수 있습니다). 최초의 그리스도인들은 자신들의 정체성을 유대교의 완성, 혹은 성취로 이해했습니다. 일종의 재정의redefinition가 이루어진 셈입니다. 신약성서를 이루는 기록들이 작성되는 동안 유대인들이 그토록 바라던 정치적 독립이 물거품으로 돌아갔음을 알리는 (서기 70년 예루살렘 함락으로 대표되는) 극적인 사건이 일어났을 때 그리스도인들은 이에 대한 반응과 생각을 기록에 반영했습니다. 즉 그들은 이 사건들에 그리스도교적 해석을 덧입혔습니다(그리고 훗날 이러한 해석은 불행한 결과를 낳았습니다).

그러므로 신약성서는 과거에 일어난 사건에 대한 단순한 기록이 아닙니다. 우리가 읽는 문헌은 공동체, 혹은 집단을 분열시키고 붕괴시키며 혼란 속에 빠뜨리는 힘을 지닌 사건들을 이해하기 위해 일련의 기억들을 창의적이고도 혁신적인 방식으로 재구성해 쓴 이야기입니다. 예수는 그가 등장하기 전의 역사를 절정으로 이끕니다. 그렇게 그가 역사를 절정으로 이끌고 간 뒤에 역사는 이전과는 사뭇 다르게 보입니다. 이전에 중요하게 여겨지던 부분들이 달리 보이고, 전면에 등장하지 않았던 단락들과 사건들이 새롭게 주목받습니다. 이러한 변화는 유대교와 그리스도교의 대화를 매우 복잡하게 만드는 요인이 됩니다. 그리스도인들은 히브리 성서를 유대교 독자가

묻지 않는 물음에 답하기 위해 읽기 때문입니다. 신약성서의 저자들은 근본적인 측면에서 (히브리 성서와) 일관성을 가지면서도 동시에 예수의 삶과 죽음이 드러내는 새로움을 정당하게 표현하는 이야기를 제시해야 한다는 점을 잘 알고 있었습니다. 그들은 히브리 성서가 제시하는 하느님 백성의 역사에 관해 단순히 '예'나 '아니오'라고 대답할 수 없었습니다.

신약성서 저자들이 택한 길은 구약성서 저자들이 했던 방식을 그대로 좇는 것이었습니다. 즉 그들은 자신들의 역사를 다시 썼습니다. 다음을 보십시오.

> 야훼께서 호세아에게 이르셨다. "아기의 이름을 이즈르엘이라고 하여라. 나는 오래지 않아 예후가 이즈르엘에서 죄 없는 사람들을 죽인 죗값을 예후 왕조에 갚아 이스라엘 나라를 멸망시키겠다. 그날이 오면, 이즈르엘 평지에서 이스라엘의 활을 꺾어버리겠다." (호세 1:4~5)

구약성서의 다른 곳에서는 이즈르엘에서 일어난 학살을 우상 숭배에 대한 정통 신앙의 승리로 기리지만 위 구절에서 학살은 우회적으로 단죄됩니다. 하느님께서 오랜 시간에 걸쳐 다양한 역사적 과정을 통해 활동하시므로 히브리 성서의 관점 또한 이를 따라 끊임없이 발전하며 변화합니다. 예수가 그러한 역사적 과정의 정점이라면 그의 삶과 죽음은 전례 없이 광범위한 관점의 전환을 가져올 수밖에 없습니다. 이러한 맥락에서 예수에 관한 이야기는 역사를 전면 수정, 개정하는 이야기라 할 수 있습니다.

신약성서 저자들은 신약성서를 통해 독자들에게 예수의 이야기가 (이야기들의 불연속성과 예수를 통해 일어난 사건들의 낯섦, 새로움에도 불구하고) 하느님께서 당신의 백성과 관계를 맺으신 모든 이야기를 이해하는 열쇠임을 보여주고자 했습니다. 더 나아가 그들은 이 문헌을 통해 예수의 삶과 초대교회의 삶이 일치함을 보여주고자 했습니다. 그들은 자신들의 역사를 다시 씀으로써 부활한 예수가 십자가에 못 박힌 바로 그 사람이라는 사실, 초기 그리스도교 공동체의 신앙은 예수가 전한 말과 예수가 일으킨 사건에 뿌리내리고 있다는 사실, 할례와 음식 규정을 고집하는 집단에서 점차 벗어난 완전히 새로운 공동체의 삶이 아브라함과 모세와 함께 시작된 이야기의 최종적이고 궁극적인 단계를 드러낸다는 사실을 일깨워야 했습니다. 최초의 위대한 교회사 저술인 사도행전은 기원후 60년대 로마에서 이루어진 선포가 예루살렘에서 최초 사도들의 증언과 함께 시작한 유기적인 운동의 일부임을 보여주고자 했습니다. 이를 통해 초기 그리스도인들은 아무것도 변하지 않았음을, 그러나 모든 것이 변화했음을 알리려 했습니다. 이야기는 하나입니다. 그러나 이 하나의 이야기 안에는 거대한 단절, 균열이 있으며 새롭게 방향이 설정되는 순간이 있습니다. 상상력을 가지고 읽는다면 신약성서는 (앞서 미셸 드 세르토가 말한 것처럼) 혁명이 일어난 뒤에, 혁명으로 인해 변화된 관점으로 혁명을 쓰고자 했던 위대한 시도의 산물로 볼 수 있습니다.

지금까지 살펴본 이야기를 통해 우리는 최초의 그리스도인들이 가장 고민했던 문제가 무엇이었는지를 가늠해 볼 수 있습니다(저는 다른 책에서 이에 관해 좀 더 상세하게 다룬 바 있습니다).[7] 당시 교회에서 수차례에 걸쳐 이단heresy으로 정의했던 것은 구약성서와 신약성서의 관계, 그리스도와 하느님의 관계, 구세주 안에서 신성과 인성의 관계를 끊거나 일그러뜨린 다음 위태로운 방식으로 둘 사이를 봉합한 체계들이었습니다. 당시 그리스도인들은 예수 그리스도로 인해 익숙한 세계가 무너지고 새로운 세계가 세워졌다는 사실을 알고 있었습니다. 그런 그들에게 어떤 식으로든 세계가 다시 무너져야 한다는 주장, 수많은 역설과 신중하게 진행된 재정의를 통해 이은 관계들을 다시금 끊어버려야 한다는 주장, 둘 사이의 간극을 다시 벌려야 한다는 주장은 지극히 위험해 보였을 것입니다.

이 모든 것은 2장에서 다시 살펴보도록 하겠습니다. 지금까지 한 이야기의 핵심은 그리스도교는 시작할 때부터 역사의 연속성과 불연속성을 하나의 이야기로 아우르려는 시도로 이해하고 커다란 관

---

[7] Rowan Williams, 'Defining Heresy', *The Origins of Christendom in the West* (Edinburgh, T. & T. Clark, 2001), 313~335을 참조하기 바랍니다.

심을 기울였다는 것입니다. 바로 이것이 그리스도교 이야기의 본질이라 할 수 있습니다. 하느님께서 십자가에 달리심으로써 성취된 예언은 사람들이 기대했던 방식의 성취가 아니었습니다. 추방 이후 유대인들처럼 초기 그리스도인들은 과거를 하나의 커다란 문제이자 도전으로 여기고 언어를 활용해 수정하고 다시금 통합시켜야 한다고 생각했습니다. 그들은 과거의 낯선 요소, 불편한 요소들도 포괄해야 한다고, 그러한 요소들도 이해될 수 있어야 한다고 믿었습니다. 하지만 그럼에도 불구하고 이를 축소하거나 환원하거나 과거가 하나의 커다란 문제라는 사실을 알아차리지 못할 정도로 매끄럽게 만들어 버려서는 안 된다고 생각했습니다. 초기 그리스도인들은 겉으로 보기에는 모순을 일으키는 것 같은 과거의 요소들을 하나로 묶어내 자신들을 더 깊은 일치의 단계로 이끄는 것은 그들이 아니라 하느님임을, 그 모든 과정은 하느님의 활동을 통해 이루어진다는 것을 믿었습니다.

그들은 지름길을 택하라는 강력하고도 심각한 유혹에 시달렸습니다. 어떤 이들은 그리스도교 이야기를 히브리 성서가 대변하는 암흑시대와 그리스도께서 열어젖히신 빛의 시대로 구분되는, 두 개의 막으로 이루어진 드라마라고 생각했습니다. 어떤 이들은 더 나아가 히브리 성서를 진리에 대한 일종의 거울상mirror image으로 간주하고 어리석고 악의에 찬 구약성서의 신에게 도전한 악역들이야말로 참된 영웅이자 성인이라고 주장하기도 했습니다. 그들에게 창세기의 진정한 주인공은 뱀과 카인이었습니다.[8] 그러나 오늘날 우리가 이른바 주류 그리스도인들로 기억하는 이들은 이와 같은 손쉬운 길을 택하지 않았습니다. 그들은 구약성서의 하느님과 신약성서의 하느님은 같은 분이시며 신구약 이야기 전체를 통해 활동하신다고 믿었습니다. 초기 그리스도인들이 남긴 여러 신앙고백에는 하느님은 한 분이시며 구약성서의 예언자들과 신약성서의 사도들, 그리고 신자들의 공동체에 영감을 주신다는 고백이 담겨 있습니다.

달리 말해 그들은 역사가 하느님의 활동과 본성에 대한 일관성을 드러내야 한다고 여겼습니다. 또한 하느님께서 어떻게 활동하셨는지를 담아 놓은 이야기는 동시에 하느님이 언제나 선하시다는 진리를 드라마의 형태로 드러내야 한다고, 그러나 인간의 기록은 일관성이 없으니 역사를 쓸 때는 언제나 하느님의 능력에 경이로워할 수 있는 여지, 하느님의 능력이라는 경이로 사람들을 초대할 수 있는 요소를 남겨 두어야 한다고 믿었습니다. 그렇게 할 때만 갈등과 분열로 얼룩진 세상 한가운데서 하느님께서는 변치 않는 활동을 이

---

[8] 이와 관련해 리옹의 이레네우스 Irenaeus of Lyon의 언급(『이단 반박』Adversus haereses, I.31.1~2)을 참조하십시오. 이 주제에 관한 학술적 논의를 한 책들로는 다음을 들 수 있습니다. Birger Pearson, 'Cain and the Cainites', *Gnosticism, Judaism and Early Christianity* (Minneapolis, Fortress Press, 1990), 95~107. 그리고 Alastair Logan, *Gnostic Truth and Christian Heresy* (Edinburgh, T. & T. Clark, 1996), 특히 6장. 성서 본문에 담긴 가치를 뒤집는 일반적이고 지속적인 관행이 있었다는 사실에 관해서는 M. A. Williams, *Rethinking 'Gnosticism', An Argument for Dismantling a Dubious Category* (Princeton University Press, 1996), 62~79 을 참조하십시오.

어가신다는 진리가 드러날 수 있기 때문입니다. 이러한 맥락에서 그리스도교 역사 서술은 루터교 전통에서 이야기하는 '십자가의 신학'theology of the cross과 언제나 같은 시각을 공유한다고 할 수 있습니다. 십자가의 신학에 따르면 하느님께서는 오직 십자가에서 버림받은 사건을 통해서만, 비극적인 세상, 지옥과도 같은 고통으로 가득 찬 세상에서 당신의 목적이 부정당하는 사건을 통해서만 당신이 어떤 분인지를 온전히 드러내십니다. 실패를 온전히 그릴 때만 하느님에 관한 이야기를 제대로 전할 수 있다는 사실, 이러한 통찰을 이치에 맞게 그리는 것, 이 어려운 생각을 정련된 언어로, 우리의 의식을 뒤흔드는 이야기로 쓰는 것은 그리스도교 역사 서술을 하려는 모든 이에게 공통으로 부과된 신학적 과제라 할 수 있습니다.

이를 위해서는 최초의 그리스도교 역사가들이 의식적으로 의도했던 것보다 훨씬 더 나아가야 합니다. 그러나 어떻게 이루어지든 그리스도교에서 역사 이야기를 만들고자 하는 노력, 역사를 쓰려는 노력은 그 자체로 하느님에 대한 신뢰의 행동으로 볼 수 있습니다. 이 신뢰는 어떠한 혼란이 닥칠지라도, 현실이 무너져내리고 완전히 어그러진 것 같아도 이해의 가능성이 파괴되지 않는다는 것에 대한 믿음이자, 차이라는 심연을 넘어서 모두가 공유하는 세계가 존재할 수 있다는 가능성에 대한 믿음이기도 합니다. 그러한 면에서 역사를 만드는 것, 역사를 쓰는 것은 낯선 이들과 세계를 공유하는 것이 가능하다고 여길 수 있게 해주는 도덕적 또는 영적 활동이라고도 할수 있습니다. 또한 이러한 생각은 그리스도인에게 역사를 쓰는 일이란 어떠한 면에서 신학적일 수밖에 없음을 알려줍니다. 물론 이는교리가 역사적 탐구의 결과를 좌지우지해야 한다는 뜻이 아닙니다.절대 그렇게 해서는 안 됩니다. 그리스도인에게 하느님의 백성이 어떻게 살아왔는지를 일관되고 조리 있게 이야기할 가능성이 있다는것은 두 가지 측면에서 중요한 신학적 의미를 알려줍니다. 첫 번째는 하느님께서 한결같은 분이라는 것을 신뢰해야 한다는 점(하느님께서는 역사적 우연과 변화에 좌지우지되지 않는 분이라는 점)이며 두 번째는 바로 앞과 같은 이유로 하느님과 맺은 관계는 시간, 공간, 언어,문화적 차이라는 제약을 받지 않는 인간 공동체의 기초가 된다는 점입니다.

II

역사를 서술하는 이는 과거와 현재의 차이difference에 대한 관심과과거와 현재의 연속성continuity에 대한 관심 사이에서 균형을 찾아야합니다. 어떤 역사 이야기를 쓸 때(특히 사람들이 역사의 새로운 시점으로 간주하는 주요한 격변이나 혁명의 이면을 서술할 때) 그 사람은 당시 사람들이 어떻게 판단하고 무엇을 바랐는지를 예측할 수 없을 정도로인간의 사고와 동기가 근본적으로 바뀌지는 않는다고 가정하곤 합니다. 그러나 이는 위험한 가정입니다. 역사가가 과거를 다룰 때 마주하게 되는 이들은 외양만 바뀐 '현대인'이 아닙니다. 역사가들은 과거의 인물들을 그 자체로 대하고 그들의 이야기에 귀 기울여야 합니다. 그들을 쉽사리 판단하거나 배척해서는 안 되며 그렇다고 섣불리 자신의 편으로 간주하거나 자신의 편으로 끌어들여도 안 됩니다. 19세기 일어난 어느 커다란 역사 논쟁에서 로마 가톨릭 역사가 액턴 경Lord Acton*은 성공회 학자 맨덜 크레이턴Mandell Creighton*이 중세 및 르네상스 교황들에게 지나치게 관대한 태도를 보인다며 비난했습니다. 액턴 경은 그들에게 더욱 엄정하게 도덕적 잣대를 들이댈 필요가 있다고 생각했습니다. 이와 달리 크레이턴은 과거를 평가할 때는 당시 상황을 어느 정도 고려해야 한다고 주장하며, 15세기 정신에는

---

* 존 달버그 액턴(1834~1902)은 영국의 정치가이자 역사가다. 나폴리에서 태어나 파리와 오스코트, 뮌헨에서 공부했다. 로마 가톨릭 배경으로 케임브리지 대학교 입학을 거절 당했다. 1859년 휘그당 하원의원으로 정계에 입문하며 W. E. 글래드스턴W. E. Gladstone 과 교분을 맺었다. 정치·종교적으로 철저한 자유주의자였던 그는 교황지상주의를 배격하며 비오 10세의 「근대적 오류에 대한 교서요목」Syllabus Errorum(1864)을 강력하게 비난했다. 1895년 케임브리지 대학교의 흠정 현대사 교수로 임명되어 프랑스 혁명과 근대사를 가르쳤다. 크레이턴에게 보낸 편지에 쓴 "권력은 부패하기 마련이며, 절대 권력은 절대 부패한다. 위대한 사람들은 거의 항상 악한 사람들이다"라는 표현이 유명하다.

* 맨덜 크레이턴(1843~1901)은 잉글랜드 성공회 주교이자 역사가다. 옥스퍼드 대학교 머튼 칼리지에서 공부했다. 이후 머튼 칼리지에서 교회사, 이탈리아사, 비잔티움사 등을 강의했다. 1884년 케임브리지 대학 교회사 교수로 임명되었으며, 1891년 피터버러 주교를 거쳐 1897년에는 런던 주교가 되었다. 주교로서 당시 촉발된 고교회파와 저교회파 사이의 갈등에 효과적으로 대처하는 노련함을 보여주었다. 역사학자로서 그는 편향되지 않은 공정한 시각으로 액턴 경을 비롯한 당대인들에게도 인정받았다. 다섯 권으로 된 대작 『교황의 역사』History of the Papacy는 크레이턴의 가장 유명한 작품이다. 그는 또한 영어권에서 가장 오래된 역사학 전문 학술지 「영국 역사 평론」English Historical Review의 첫 편집자로 활동했다.

현재와 다른 낯선 측면이 있고 역사를 해석할 때는 언제나 이러한 차이를 염두에 두어야 한다고, 도덕 문제라고 해서 예외는 아니라고 말했습니다. 이에 다시 액턴은 크레이턴의 주장이 상대주의relativism를 옹호하는 것이 될 수 있으며 역사를 쓰는 목적(도덕적 판단을 하는 것)에 위배된다고 지적했습니다.[9] 액턴과 크레이턴의 논쟁은 도덕적 차원을 염두에 두고 역사를 서술할 때 일어나는 긴장의 한 단면을 보여줍니다. 이러한 논쟁은 손쉽게 해결될 수 없습니다. 그러나 적어도 이 단계에서 우리는 과거의 낯선 측면을 인식하지 않으면 과거를 마치 순전히 낯선 나라로 치부하는 것과 마찬가지로 위험하다는 것을 염두에 둘 필요가 있습니다.

그럼 이제 본격적으로 교회사 서술에 대한 몇 가지 구체적인 사례들을 살피며 '동일성'과 '차이'를 공정하게 다루는 문제를 살펴보도록 하겠습니다. 초대교회 시기, 사도행전이라는 위대한 최초의 과업 이후 체계적인 역사 서술은 거의 이루어지지 않았습니다. 다

---

[9] 크레이턴과 액턴의 유명한 논쟁에 관해서는 다음을 참조하십시오. Louise Creighton, *Life and Letters of Mandell Creighton* (London, Longmans, Green & Co., 1906), vol. 1, 368~376. 크레이턴은 한 친구에게 보내는 편지에서 액턴이 "역사가 무엇보다 도덕적 학문의 분과가 되어야 하며 현대 자유주의적 사고의 불변하는 올바름을 증명하는 데 초점을 맞추어야 한다"고 주장한 반면 자신은 "그들의 한계를 보려고 하며, 사건의 과정, 경과가 구조와 개인 모두를 판단하게 내버려 두고자 한다"고 밝힙니다. 그리고 액턴에게는 이렇게 답합니다. "(과거의 누군가) 행한 일이 언제나 그들이 의도한 행동은 아니었으며 그들이 아는 바대로 사건이 일어난 것도 아니었습니다." 현재뿐만 아니라 과거에 일어난 일에 대해서도 객관적인 도덕적 판단을 해야 한다는 점, 과거에 무슨 일이 정말로 일어났는지를 객관적으로 기록해야 한다는 점에서는 크레이턴은 액턴에게 동의했습니다. 그러나 역사가로서 그는 행위자가 실제로 경험한 것을 관찰자가 어느 정도로 이해할 수 있는지에 대해서는 의구심을 가지지 않을 수 없었습니다.

만 지역에서 일어난 사건에 관한 기록, 특히 순교에 관한 기록(이 기록에 관해서는 2장에서 좀 더 살펴보도록 하겠습니다)이 다른 지역 공동체에 보낸 서신에서 종종 발견될 뿐입니다. 4세기에 이르기까지 교회의 역사 전체를 조망하려는 시도는 이루어지지 않았습니다. 순교를 제외하면, 당시 교회의 일들은 주로 사적 영역에서 행해졌기 때문입니다. 로마 제국은 교회를 불법 집단으로 규정했고 가시적인 실체로 교회가 공적 기록에 드러나는 경우는 오직 로마 당국과 공적인 갈등이 발생할 때뿐이었습니다. 당시 교회 구성원들이 교회의 진정한 역사서로 여기던 것은 성서 기록뿐이었습니다. 그리스도인들은 자신들이 성서에 나오는 사건들에서 나타나는 일관된 흐름을 따라 살고 있다고 여겼습니다. 이 이야기가 로마 제국의 '공적 삶'public life이라는 이야기와 서로 엇갈리면서 마주칠 때, 그들은 또 다른 일화가 세상의 왕국과 대적하는 하느님 나라라는 중심 이야기에 덧붙여지는 것이라고 생각했습니다.

초기 그리스도교 저술가 중 본격적인 의미에서 역사가historian라고 부를 만한 최초의 인물은 4세기가 시작될 무렵 활동한 카이사리아의 에우세비우스Eusebius of Caesarea입니다.* 그의 작품이 전개되는 과정

---

* 카이사리아의 에우세비우스(265?~339)는 주교이자 그리스도교 변증론자, 성서주석가다. 그리스도교 최초로 교회사를 편찬한 사람으로 '교회사의 아버지'라고 불리며 그가 쓴 『교회사』는 오늘날까지 초대교회에 관한 가장 중요한 문헌으로 꼽는다. 그 외에도 초대교회의 순교자들에 관한 전기를 썼으며 콘스탄티누스에 대한 전기도 썼다. 아리우스 논쟁에서는 아리우스를 지지하며 아타나시우스와 대립했다.

을 살펴보면 우리는 그가 여러 방면에 관심이 있었음을, 특히나 지속해서 다양한 신학 주제들에 관심을 두고 있었음을 알 수 있습니다.[10] 아마도 서기 300년이 되기 전 그는 『교회사』Ecclesiastical History의 초고를 작성했던 것으로 보입니다. 당시 교회는 점점 더 공적 영역에 그 모습을 드러냈고 이에 따라 교회의 교리 논쟁 역시 공적인 성격을 갖게 되었습니다. 당시 신학 논쟁 가운데 하나를 해결하기 위해 국가의 개입을 요청했다는 사실은 이를 잘 보여줍니다. 이러한 상황은 에우세비우스가 이전보다 더 체계적인 연대기를 쓰겠다고 결심하게 만든 하나의 계기가 되었을 수 있습니다. 그는 교리 논쟁에서 선례를 만드는 것이 매우 중요하다는 사실을 깨달았습니다. 이러한 논쟁들이 연속성을 지니고 있음을 보여주기 위해서 말이지요. 에우세비우스의 주된 저술 의도는 『교회사』 1장을 보면 알 수 있듯 오래된 자료들을 묶고 그리스도교 진리를 신실하게 증언한 이들에 관한 기록을 제공함으로써 당대 정통 신앙을 변호하는 데 있었습니다. 또한 그는 유대교와의 논쟁에도 관심을 보였습니다(오늘날 독자들에게는 불편한 지점이지요). 그는 예수의 역사를 통해 히브리 성서에 나온 예언이 성취되었음을, 예수 이후 일어난 사건들이 유대인들에

---

[10]   에우세비우스 작품의 발전에 관해서는 다음을 참조하십시오. Timothy Barnes, *Constantine and Eusebius* (Harvard University Press, 1981), 2장. 그리고 에우세비우스가 다룬 주요 주제에 관해서는 다음의 저작을 살펴보기를 바랍니다. Robert M. Grant, *Eusebius as Church Historian* (Oxford, Clarendon Press, 1980)

대한 하느님의 심판을 분명하게 보여준다는 점을 입증하려 했습니다. 에우세비우스가 보기에 유대인의 역사는 실질적으로 종말을 고했고 이제는 그리스도교 역사의 한 차원으로만 존재할 뿐이었습니다. 다른 수많은 그리스도인과 마찬가지로 그는 구약성서의 역사서들에 나오는 수사들을 사용해 유대인들을 공격했습니다. 신명기 신학과 양식을 따르는 책들(열왕기서, 에즈라서, 느헤미야서 등)은 유대인의 역사를 은총을 베푸시는 하느님과 이를 배신하는 인간이라는 주제의 반복으로 묘사합니다. 그리스도교 역사가로서 에우세비우스는 이 주제를 유대교 신앙의 궁극적인 위기, 최대의 위기를 가져왔다고 생각했던 사건과 연결했습니다. 하느님의 선택을 받은 백성은 하느님의 아들 예수를 거부하고 죽이는 가장 극적인 방식으로 하느님의 부름을 배반했다고, 이에 은총의 하느님은 성전 파괴, 추방, 민족의 수치라는 궁극적인, 최후의 징벌이 그들에게 임하는 것을 허락하셨다고 그는 이야기했습니다.

오늘날 이러한 승리주의triumphalism 이야기에 공감하며 이를 옳다고 여길 독자는 없을 것입니다. 그보다 우리는 왜 초기 그리스도인들의 단순한 생각, 즉 의미 있는 역사란 성서의 이야기를 따라 사는 것이라는 생각이 그러한 방향으로 전개되었는지, 성서가 어떻게 예기치 못한 상황의 변화에 대처하는 매우 중요한 자료가 되었는지를 살펴보아야 합니다. 에우세비우스가 택한 전략은 교회가 탄생한 이후 일어난 격변들을 성서에 바탕을 둔 역사의 흐름에 비추어 '정상화'normalise하는 것이었습니다. 그에 따르면 하느님의 백성은 하느님을 거부하면 벌을 받는다는 점과 하느님께서는 언제든 새롭게 시작하실 수 있다는 점을 깨달아야 합니다. 이는 '하느님의 백성'이라는 지위가 유대인에게서 그리스도인으로 옮겨졌다는 것, 그리스도인 또한 첫 계약의 백성과 마찬가지로 위험과 도전을 마주하게 되었음을 뜻합니다. '그들의' 이야기, 역사만큼이나 우리의 이야기, 역사 또한 은총과 거절, 징벌로 얼룩지게 될 수 있다는 것이지요.

앞서 언급했듯 에우세비우스는 교회가 어느 정도 제국에 정착했을 때, 사람들이 그리스도교에 매력을 느끼고 그리스도인들에게 존경을 보내기 시작했을 때 역사서를 서술하기 시작했습니다. 그러나 얼마 지나지 않아 디오클레티아누스Diocletian 황제가 교회를 전례 없이 강력하고도 조직적으로 탄압하기 시작했습니다. 에우세비우스는 이를 설명하기 위해 예레미야애가와 시편 89편을 인용하며 유대교 역사에서 읽어낸 신학의 흐름과 동일한 신학의 흐름을 적용했습니다. 그는 새롭게 하느님께 선택받은 백성도 옛 백성처럼 범죄를 저질렀으며 하느님께서는 이교도들이 그들을 징벌하도록 허락하셨다고, 그렇게 역사는 반복된다고 이야기했습니다. 또한 그는 몇몇 중심 주제들을 한데 모아 새로운 백성의 죄를 교회 안에서 일어난 갈등에서 찾았습니다. 이 갈등은 박해가 시작된 후에도 이어졌는데 박해가 일어나기 50년 전 세상을 떠난, 에우세비우스가 영웅처럼 여기던 인물이자 알렉산드리아의 위대한 신학자였던 오리게네스Origen of Alexandria는 그 좋은 예였습니다. 박해가 시작될 무렵 소아시아 몇몇 교회는 이미 그를 단죄했거나 혹은 그와 비슷한 시기에 단죄를 시작했습니다. 오리게네스의 정통성에 대한 시비는 여러 지역에서 탄압을 받은 그리스도인들이 머물던 광산과 감옥에서도 이어졌습니다.[11]

그러나 에우세비우스는 압제에 굴하지 않는 신실함은 보상을 받게 된다고 생각했습니다. 그는 순교자martyr와 고백자confessor*는 영웅처럼 자신의 신앙을 증언함으로써 교회의 실패를 위대하게 만들었다고 이야기했습니다. 디오클레티아누스의 박해라는 전례 없는 공포가 사그라들고 콘스탄티누스Constantine의 관대함과 호의가 교회의 문을 두드리자 에우세비우스는 환호했습니다. 훗날 콘스탄티누스를 향한 칭송문에서 정교화되는 내용의 맹아를 우리는 『교회사』 마지막 부분에서 찾아볼 수 있습니다. 여기서 그는 역사의 종말이 도래했다고 말합니다. 새로운 날이 밝았으며, 박해자들은 파멸했습니다. 에우세비우스는 환희에 찬 전망을 제시합니다.

---

[11] Rowan Williams, 'Damnosa Haereditas: Pamphilus' Apology and the Reputation of Origen' in *Logos. Festschrift für Luise Abramowski* (Berlin, Walter de Gruyter, 1993), 151~169를 참조하기 바랍니다.

* 고백자란 초대교회에서 신앙을 고백하여 고초를 당하였으나 순교하지 않은 사람들을 일컫는 말이다. 나중에는 성덕의 모범을 보인 사람을 지칭하는 데 폭넓게 사용하기도 했다.

모든 인류는 해방되었다. (10.2.1.)

이로써 교회는 세상의 생명, 참된 중심이라는 (예정된) 적법한 자리를 차지하게 되었다고 그는 생각했습니다. 이제 그는 다른 저작을 통해 한 황제의 통치가 한 분 하느님께서 거룩한 말씀을 통해 세계를 통치하시는 모습을 어떻게 반영하는지를 기록합니다.[12]

에우세비우스가 생각하는 교회사의 핵심은 교회가 어떻게 전개되어 가는지를 추적하는 것이 아니었습니다. 그렇다고 해서 과거를 통해 현재를 이해하는 것도 아니었습니다. 그에게 교회사를 쓴다는 것은 교회의 생명을 유지하게 하는 힘이 무엇인지를 밝히고, 성서가 제시하는 하느님의 활동이 교회의 이야기 속에서 어떻게 재현되는지를 보여주는 것이었습니다. 그렇기에 그는 이전과 마찬가지로 이야기가 절정에 이르렀을 때 최후 승리를 거두는 것으로 결말을 내야 한다고 생각했습니다. 그에 따르면 교회는 신실한 선생들을 계승함으로써 나아갑니다. 그리고 이는 (언제나 완전히 일치하지는 않지만) 직무를 수행하는 주교들을 계승하는 것과 겹칩니다. 에우세비우스는 몇몇 이유로 참된 교사와 유대 관계를 맺지 않는 주교들에 대해 다

---

[12] 『콘스탄티누스 칭송연설』*Panegyric to Constantine*은 콘스탄티누스의 통치 30주년을 맞아 발표되었습니다. Timothy Barnes, *Constantine and Eusebius*, 253~255을 참조하십시오. 몇몇 주요 단락에 관한 영문 번역은 *Documents in Early Christian Thought* (Cambridge University Press), 230~234을 참조하기 바랍니다.

소 회의적인 시선을 보냈습니다. 에우세비우스가 오리게네스에 대한 교회 구성원들의 시비를 보며 품기 시작한 주교에 대한 회의는 훗날 알렉산드리아 주교에 맞선 카리스마 있는 교사인 아리우스Arius에 대한 지지로 이어집니다. 앞에서 말했듯 그는 교회의 생명이 깊은 차원에서는 참된 교사, 순교자들을 통해 유지된다고 생각했기 때문입니다. 에우세비우스는 교회가 박해를 받아 자신의 결점을 심판받게 되는 시기에는 언제나 신앙을 위해 자신의 생명을 버림으로써 어둠과 곤경의 시간에 하느님의 목적을 충분히 드러내는 이들, 하느님의 신실함을 신뢰하는 이들이 있다고 믿었습니다. 그 시기가 지나가고 선한 왕이 오시면 그들의 충성은 보상받게 될 것이라고 여겼습니다. 그는 교회가 변화하거나 발전한다고 생각하지 않았습니다. 변화하고 발전을 이룬 것은 세상이었습니다. 그리고 황제가 그리스도교로 개종함으로 세상은 마침내 진리 가까이에 이르렀다고, 어떤 측면에서 더 일어날 일은 없다고 에우세비우스는 판단했습니다. 『1066년과 모든 것』1066 and All That처럼 역사가 마침표를 찍게 되었다고 여긴 것입니다.*

아이러니한 점은 에우세비우스가 역사서를 쓸 때 '아리우스 논

---

* 『1066년과 모든 것』1066 and All That은 1930년에 영국에서 출판된 책으로 '위대한 영국사'라는 신화를 풍자한 것으로 널리 알려져 있다. 영국 역사를 로마 시대부터 1066년까지, 그리고 나머지로 일축하는 이 책은 "미국은 일류 국가가 되었고 역사는."이라며, 문장을 끝내지 않고 마침표(.)로 마무리하며 여운을 남긴다.

쟁'(이 논쟁은 4세기가 끝날 때까지 교회의 향방을 이끌었습니다)을 완전히 무시했다는 것입니다. 그는 이 논쟁과 직접적인 관련이 있었고 훗날 이 논쟁에서 자신이 했던 행동을 후회했습니다. 그러나 좀 더 근본적으로 그는 이 논쟁을 황제권의 온건한 개입을 통해 해결될 수 있는 문제, 거의 해결 직전에 온 문제라고 여겼습니다. 다음 세기가 시작될 무렵 어떤 역사가도 교회나 황제의 개입에 대해 그처럼 장밋빛 전망을 제시하지 못했습니다. 아리우스파 논쟁에 대한 황제의 개입, 그리고 360년 율리아누스 황제의 배교로 인해 많은 그리스도인은 황제가 교회에 관심을 보이는 것에 대해 회의를 품게 되었습니다. 이에 (초기 그리스도인들이 역사를 어떻게 생각했는지 보여주는 로버트 마커스Robert Markus의 획기적인 연구가 보여주듯) 아우구스티누스Augustine of Hippo는 사실상 에우세비우스의 관점을 뒤집어서 그리스도교 개념을 활용해 로마 제국의 역사를 이해했습니다.[13] 그는 인류의 역사가 결코 행복한 방식으로 마무리되지 않을 것이라고 보았습니다. 아우구스티누스는 인간 세계가 황폐해지는 가운데에도 교회는 여정을 이어 나가며, 때로는 환경이 제공하는 선한 것들을 사용할 수 있지만 그 눈은 언제나 굳건히 인간이 궁극적으로 갈망하는 하느님께 두어야 한다고 말했습니다.

---

[13]   Robert Markus, *Saeculum: History and Society in the Theology of St. Augustine* (Cambridge University Press, 1970)

아우구스티누스는 인류의 진보가 복음을 증언할 것이라고 기대하지 않았습니다. 설사 역사가 그리스도교의 미덕과 선함을 입증하는 경우가 있다고 할지라도 착각에 빠져서는 안 된다고 그는 경고했습니다. 역사를 살펴며 아우구스티누스는 그리스도교에서 보이는 인간 본성에 대한 비관적인 견해가 들어맞는다고 생각했습니다. 그는 하느님이 없는 사회가 얼마나 자기 파괴적인지 보았습니다. 그는 그러한 사회의 목적이 궁극적으로 이기적일 수밖에 없으며 이를 충족하기 위해 다툼을 벌이는 가운데 너무나 손쉽게 무너질 수 있다고 생각했고, 이러한 생각은 인류의 역사가 결코 행복한 방식으로 마무리되지 않을 것이라는 믿음을 강화했습니다. 진정한 종말은 이미 이곳에 도래했다고, 곧 하느님께서 자신의 주권을 행사하시는 성도들을 통해 이루어지고 있다고 그는 믿었습니다. 이 부분에서만큼은 아우구스티누스가 에우세비우스와 같은 생각을 하고 있다고 볼 수 있습니다. 교회는 변치 않는다고 믿었다는 점에서 말이지요. 다만 아우구스티누스는 세상이 변할 것이라고 기대하지 않았습니다. 그는 세상이 마지막에 이르기까지 인류는 두 종류의 사랑, 동기를 가지고 두 사회(하느님의 도성과 세상의 도성)를 만들게 될 것이라고 보았습니다. 그에 따르면 하느님의 도성에서는 모든 일이 하느님과 이웃을 위해 일어납니다. 그러나 세상의 도성에서는 아무리 좋더라도 인위적이고 외적인 수단을 통해 경쟁과 물욕으로 일어나는 과도한 폭력

을 제한하는 수준에서 그칠 뿐입니다.[14]

물론 이러한 아우구스티누스의 준엄한 전망이 보편적으로 받아들여지지는 않았습니다. 그가 분명하게 불가능하다고 지적했던, 이치에 맞게 정련된 언어로 교회와 세상의 역사를 만들어내고자 하는 생각은 끈질기게 살아남았습니다. 아우구스티누스가 보기에 참된 교회는 역사가 없습니다. 참된 교회는 하느님 나라가 자신의 삶에 임한 인격체들의 공동체community of persons이기 때문입니다(이 참된 교회는 눈에 보이는 조직, 혹은 집단으로서의 교회와 일치하지 않습니다. 후자의 경우 교회에 하느님께 완전히 순종하는 이들만 있지는 않기 때문입니다). 참된 교회에는 어떻게 사람들이 온전한 인격체가 되었는지, 하느님을 이해하게 되었는지를 다룬 이야기들이 있을 뿐입니다. 아우구스티누스는 다른 어떤 그리스도교 사상가들보다도 인간 자아human selfhood의 변화와 성장에 높은 가치를 두었습니다. 물론 누군가 교회의 이야기를 전한다면 여기에는 배신이나 몰락의 이야기가 포함될 가능성이 있다고 그는 생각했습니다. 눈에 보이는 교회는 세상의 도성의 영향을 받아 자신의 임무를 수행하지 못할 수 있기 때문입니다. 참된 교회가 변화하지 않는다면 어떤 면에서 변화하는 교회는 참된 교회가 아니라고 그는 말했습니다. 첨예한 갈등이 일어나고 있는 오늘날 상황에서 이러한 아우구스티누스의 관점은 불만족스러울지 모르겠습

---

[14] 아우구스티누스 『신국론』 14.27을 참조하기 바랍니다. 『신국론』 (분도출판사)

니다. 그의 논의는 교회가 논쟁을 벌이고 자신의 정당성을 입증할 수 있는 여지를 거의 남겨 두지 않은 것처럼 보이기 때문입니다.

그러나 초기 잉글랜드 교회사가 베다Bede*의 이야기를 살펴보면 어떻게 아우구스티누스의 전망을 유지하면서도 본질적으로 교회의 정당성을 입증하는 행동으로서 역사를 쓸 수 있는지, 만들어낼 수 있는지를 알 수 있습니다. 베다에 따르면 그리스도인들이라 할지라도 하느님을 실제로는 믿지 않을 수 있으며 이와 마찬가지로 몇몇 지역 교회들은 '거짓 교회'pseudo-church일 수 있습니다. (아우구스티누스의 생각을 좇아) 베다 역시 참된 교회는 근본적으로 역사가 없다고 생각했습니다. 하지만 그는 이 참된 교회가 '실패한' 지역 교회에 맞서 투쟁해야 할 때 말해야 할 이야기가 있다고 여겼습니다. 그러므로 베다의 역사 저작들은 (한때 다수가 지지했던 해석과는 달리) 단순히 앵글로색슨 사람들이 어떻게 그리스도인이 되었는지를 다룬 이야기가 아닙니다. 베다는 역사를 쓰면서 두 가지 주제를 다루려 했습니다.

---

* '가경자' 베다(672/3-735)는 잉글랜드의 수사이자 신학자, 역사가다. 고대 영어로 '베다'Bæda라고 표기되었으나 현대 영어는 '비드'Bede로 표기하기 때문에 흔히 '비드'라고도 불린다. 노섬브리아 왕국에서 태어났으며 캔터베리에 있는 성 베드로 수도원으로 보내져 교육을 받고 685년부터는 성 바울 수도원으로 옮겨 체올프리두스의 지도를 받았다. 베네딕도회의 수사가 되었고 30세에 사제 서품을 받았다. 몇 차례의 짧은 여행을 제외하고는 늘 수도원 안에서 생활하면서 성서 연구에 전념했으며, 수도원 내 교육과 저술 활동에 평생을 바쳤다. 당대에 박식함으로 이름을 날렸으며 영문학사에 커다란 영향을 끼쳤다. 당대에 사람들에게 널리 읽혔던 것은 성서 주해서들이었지만 오늘날에는 역사가로 더 잘 알려져 있으며 '영국 역사의 아버지'라고도 불린다. 『영국민의 교회사』Ecclesiastical History of the English People는 교회사뿐 아니라 영국 역사의 고전으로 꼽힌다. 단테Dante Alighieri의 『신곡』 '천국 편'에 등장하는 유일한 잉글랜드 인이기도 하다. 한국어로 『영국민의 교회사』(나남)가 소개된 바 있다.

첫 번째는 상대적으로 분명하게 드러나는 주제인데 바로 브리튼 교회들*에 대한 로마 그리스도교의 승리입니다. 베다가 보기에 브리튼 교회들은 참된 교회의 부패한 형태, 지역적 변종에 불과했습니다. 물론 엄밀히 말해 그들은 이단이 아니었고 분파를 지향하지도 않았지만 게르만 정착민들에 대한 선교를 거부하고 로마의 전례 지침을 따르지 않는다는 점에서 일종의 반反 교회를 수립하고 있다고 그는 보았습니다. 두 번째 주제는 상대적으로 암묵적인데, 게르만 정착민들이 로마 교회에 충성함으로써 하나의 백성people을 이루어야 한다는 생각입니다. 베다가 이해한 잉글랜드는 본질적으로 로마 교회의 선교를 받아들이고 그리스도교로 개종한 게르만 왕국들의 연합이었습니다.[15]

그는 오만한 브리튼 교회들이 참람하게도 앵글로색슨 정착민들과 복음을 나누기를 거부했다고 판단했고 이는 로마 주교좌와의 상

---

[15] 『영국민의 교회사』 마지막 장에서 베다는 '브리타니아'Britannia의 상황에 대한 개요를 제공합니다. 여기서 그는 로마의 질서를 따르는 주교와 군주의 명단을 언급하는 한편 너무 빨리 전쟁이라는 선택지를 포기하려는 경향에 대해 우려를 표명합니다. "전쟁은 '브리튼인'을 격퇴하는 데 필요할 것이다. 이미 대부분 '잉글랜드인'에게 복종하고 있었긴 하지만 말이다." 이 문제에 관해서는 N. P. Brooks, 'Canterbury, Rome and the Construction of English Identity', *Early Mediaeval Rome and the Christian West* (Leiden, Brill, 2000) 그리고 다음의 책을 참조하십시오. Bede's method in general, W. Goffart, *The Narrators of Barbarian History* (Princeton University Press, 1988)

* 브리튼 섬에 언제 그리스도교가 처음 전파되었는지는 불확실하나, 4세기에는 이미 주교를 중심으로 자체적인 교회 조직을 이루고 있었다. 5~6세기 앵글로색슨족이 브리튼 섬을 정복하자, 켈트 그리스도인들은 잉글랜드 서부로 밀려났다. 이후 597년 그레고리우스 교황이 파견한 캔터베리의 아우구스티누스가 브리튼 섬에 당도하였으나, 앵글로색슨족에게만큼이나 로마에 적대감을 가지고 있었던 켈트 그리스도인들은 아우구스티누스를 배척했다.

통으로 묶인, 문명화된 백성들의 연합에 속하기를 거부하는 것이라고 여겼습니다. 베다는 잉글랜드인들은 오직 가톨릭 공동체의 일원이 될 때만 구별된 민족으로 자리 잡을 수 있다고 베다는 생각했습니다. 일치에 냉담할 뿐만 아니라 다른 이들을 배척하는 브리튼인들의 모습은 곧 그들의 죄악을 증명하는 것이라고 그는 생각했습니다. 베다의 눈에 '그들의' 역사는 일찍이 에우세비우스가 보여준 구약성서의 흐름을 반복하고 있었습니다. '그들'은 죄를 지었기에 자신들의 왕국을 빼앗겼다고 그는 기술했습니다.[16] 그가 보기에 이러한 조짐은 이미 게르만 인들이 정착하기 전부터 있었습니다. 여기서 베다는 과감하게 5세기 브리튼 사람인 길다스Gildas가 동족을 향해 던진 말을 인용해(실제로 길다스는 말을 할 때 로마와의 관계를 염두에 두지는 않았습니다)[17] 브리튼 그리스도인들의 죄는 침략자를 불러들인 것, 그들에게 그리스도교 신앙을 전하지 않은 것, 이를 만회하려는 로마 교회에 협조하지 않은 것이라고 말했습니다.

여기서 우리는 역사가 없는 교회, 역사 쓰기를 더는 필요로 하지 않는 교회, 에우세비우스의 표현을 빌리자면 세상의 생명, 참된 중

---

[16] 『영국민의 교회사』 I.xiv 과 xxii에서 베다는 게르만 침략 전후 시기 브리튼 인들의 타락과 그들에게 복음을 전파하지 못한 점을 서술합니다. II.ii에서는 로마 교회가 파견한 아우구스티누스의 권위에 대한 브리튼 인들의 거부와 그에 따른 징벌을 기술하고 있습니다.

[17] 길다스는 논고 『브리튼의 멸망과 정복에 관하여』On the Downfall of Britain를 540년경 집필했습니다. 여기서 그는 로마인의 브리튼 포기와 함께 몇몇 브리튼 부족령과 그 통치자들이 범한 도덕적 타락을 서술했는데 베다는 이를 중요한 자료로 활용했습니다.

심이자 변화하지 않는 고정된 점인 로마 교회와 자신의 소명을 잊었기에 역사가 있는, 역사 쓰기를 필요로 하는 개별 교회의 대립을 봅니다. 이 대립을 다룬 기록을 통해 우리는 어떻게 한 민족이 태어나고 나아가 구별된 정체성을 지닌 공동체가 태어나는지를 발견할 수 있습니다. 베다에 따르면 이 공동체는 이제 자신의 이야기를 일정한 주제를 가지고 이야기할 수 있습니다. 가톨릭 연합의 구성원이 될 수 있는 선물을 받아 '잉글랜드인'은 자신들이 누구인지를 알 수 있게 되었으며 동시에 일관된 역사적 전통을 갖게 되었기 때문입니다. 이러한 맥락에서 교회사, 즉 참된 교회가 승리를 거두게 되는 이야기는 민족사의 바탕이 된다고 할 수 있습니다. 그리고 이로써 교회의 역사에 대한 고민으로 이끄는 복잡한 동기에 또 다른 요소가 추가되었습니다.

에우세비우스와 베다는 첨예한 대립과 혼란을 마주해 어떻게 역사를 쓸지를 고민했습니다. 다소 성급한 판단일지도 모르지만, 중세에는 이들과 견줄만한 교회사가가 나오지 않았습니다. 이들과 비슷한 수준으로 위기에 대응하는 연대기 저술가가 없었기 때문입니다. 그나마 중세시기 이들의 문제의식과 비슷한 문제의식을 가지고 쓰인 기록물은 특정 인물에 관한 전기물biography이라 할 수 있습니다. 아씨시 프란치스코Francis of Assisi의 전기가 그 대표적인 예입니다. 그와 같은 카리스마를 지닌 인물이 주류 교회에 근본적인 도전을 던졌을 때, 연대기 저술가들은 연속성을 지닌 교회의 이야기에서 '자연스럽게' 발견될 수 있는 장면으로 그러한 도전을 처리할 필요가 있었습니다. 그러나 그보다 더 큰 차원에서 위기, 중단, 회복의 이야기를 전하려는 움직임은 거의 일어나지 않았습니다. 중세 그리스도인들은 무엇인가를 전체적으로 입증해야 할 필요가 없었습니다. 그들 또한 연대기를 남겼고 동방과 서방 사이에서 신학 논쟁이 발생했을 때처럼 논쟁을 보조하는 자료들을 만들어내기는 했지만, 오히려 이러한 기록들은 중세 그리스도인들이 구조적으로나, 지적으로나 역사적 과정이라는 측면을 고려하지 않았음을 분명하게 보여줄 뿐입니다.[18] 바로 이 때문에 비잔티움과 서방의 신학 논쟁은 교착 상태에 머무를 수밖에 없었습니다. 그리고 이러한 점에서 종교개혁과 함께 교회사 서술의 두 번째 대폭발이 일어났다는 것은 그리 놀라운 일이 아닙니다.

종교개혁자들은 맹렬한 기세로 참된 교회와 거짓된 교회의 대립을 재개했습니다. 그들이 보기에 소명을 저버리고 진정성을 상실한 것은 어느 한 지역 교회가 아니었습니다. 그들은 그리스도교 세계의 모든 공적 기관이 참된 교회가 아니라고 판단했습니다. 그리스

---

[18] 헨리 채드윅Henry Chadwick의 포괄적 연구 *East and West. The Making of a Rift in the Church: From Apostolic Times until the Council of Florence* (Oxford University Press, 2003)는 양 진영의 논쟁 문서들이 어떻게 신학적으로 내재한 문제들과의 접촉을 무력화시킬 수 있었는지에 관한 다양한 사례를 제공합니다.

도교 세계의 수장이 적그리스도였기 때문입니다. 종교개혁 시기 순교는 이교 세속 국가가 아닌 '거짓 교회'에 맞서 일어났습니다. 잉글랜드 종교개혁과 관련해 가장 널리 알려진 역사서인 존 폭스John Foxe* 의 『순교록』Actes and Monuments을 살펴보면 에우세비우스와 베다가 다룬 주제가 다시 살아나 철저하게 새로운 방식으로 교회사를 위한 신학에 어떻게 통합되고 있는지를 볼 수 있습니다. 에우세비우스가 그랬듯 폭스 역시 의미 있는 역사는 죽음을 감내하는 신실한 증인들이 나옴으로써 이어진다고, 그들이 흘린 피는 최후에 도래할 하느님의 통치로 보상받게 될 것이라고 생각했습니다. 또한 베다와 마찬가지로 그는 역사 이야기가 참된 교회와 거짓된 교회의 대립을 다루어야 한다고 생각했습니다. 폭스는 참된 교회가 승리를 거둘 것이며 하느님의 섭리 아래 사명을 부여받은 민족이 탄생할 것이라고 예고했습니다. 여기서 참된 교회는 교회를 가장한 집단 안에서 박해받는 소수를 통해 이어집니다. 이러한 맥락에서 그는 선택받은 민족이 로마

---

* 존 폭스(1516/17~1587)는 잉글랜드 성공회 사제이자 작가다. 옥스퍼드 대학에서 신학을 공부했다. 메리 여왕이 즉위하자 박해를 피해 유럽 본토로 피난하여 스트라스부르크와 프랑크푸르트, 바젤에 체류하며 존 녹스를 비롯한 종교개혁자들과 교류했다. 이시기 그는 유명한 『순교록』의 집필에 착수해 1554년 스트라스부르크에서 라틴어판을 처음 출판했다. 1563년에는 영문판이 출판되었다. 『순교록』은 메리 여왕 치세에 프로테스탄트 순교자들이 당한 고통과 가톨릭 박해자들의 폭거를 생생하면서도 담백한 문장으로 묘사하며 큰 인기를 끌었고, 주교들의 인가를 받아 폭스의 생애 중 네 차례에 걸쳐 출판되었다. 명백한 역사적 편견에도 불구하고 『순교록』은 초기 프로테스탄트들의 구전 전승 및 문헌을 보존하고 있다는 점에서 오늘날까지 높은 역사적 가치가 있는 저술로 평가받는다. 한국어로는 『순교자 열전』(포이에마)이라는 제목으로 소개된 바 있다.

교황좌와의 제휴를 거부함으로써, 혹은 교황좌와 야합한 국가, 민족들의 연합체에 가담하기를 거부함으로써 자신의 소명을 깨닫게 된다고 이야기했습니다.

최근의 연구는 폭스가 누군가 로마 가톨릭 체제에서 박해를 당한다는 사실 자체만으로도 참된 교회에 속한다고 여겼다는 점에 주목했습니다. 그는 프로테스탄트 체제에서도 고초를 겪었을 것이 분명한 이들도 순교자 목록에 포함했습니다. 그들이 구체적으로 어떤 내용을 믿었는지는 얼버무리면서 말이지요.[19] 그렇게 폭스는 무의식적으로, 동시에 아이러니하게 베다의 견해를 뒤집었습니다. 베다는 참된 그리스도인의 유일한 조건이 로마 교회와 연결되는 것이라고 이해했습니다. 그래서 로마 교회를 반대하면 그것이 아무리 암시적이고 무해하더라도 참된 그리스도인의 자격을 잃게 되는 행위로 기술했습니다. 반면 폭스는 이를 뒤집어 누군가 로마 교회를 반대하기만 하면 그가 참된 그리스도인, 참된 증인이라고 기술했습니다.

그리하여 교회사 서술 사상 최초로 원초적인 파국, 다시 말해 교회의 시작부터, 혹은 거의 초기부터 파괴와 상실이 일어난다는 내용의 드라마가 등장하게 되었습니다. 여기에는 과거 구약성서에 대한 영지주의자들의 독해, 즉 영웅처럼 보이는 이들을 악역으로 만들어

---

[19] 패트릭 콜린슨Patrick Collinson의 책 *Elizabethan Essays* (London/Rio Grande, Hambledon Press, 1994), 151~157을 참조하십시오.

버리고 악역을 맡은 것처럼 보이는 이들을 영웅으로 만들어버리는 거대한 타락 이야기의 그림자가 드리워져 있습니다. 여기서 가까운, 또는 머나먼 과거에 관한 연구는 연속성을 보여주는 데 초점을 맞추는 것이 아니라 오늘날 현실에 대해 근본적인 물음을 제기할 수 있도록 끊임없는 갈등을 보여주는 데 초점을 맞추고 있습니다. 프로테스탄트 역사가들은 단순히 연속성을 강조하는 것만으로는 더는 문제를 해결할 수 없다고, 중요한 것은 진리를 유지하는 집단의 연속성이라고 생각했습니다.

그러므로 프로테스탄트 역사, 프로테스탄트식 역사 쓰기의 특징은 단순히 그리스도교의 과거를 거부하는 것이 아닙니다. 오히려 그 특징은 오늘날의 표현을 빌리면 과거를 '문제화'problematising하는 것, 다시 말해 과거를 낯설게 만드는 것이라고 할 수 있습니다.[20] 프로테스탄트 교회사가들은 우리가 가진 기록을 훨씬 더 주의 깊게, 분별력을 가지고 읽어야 한다고, 초기 교회의 무엇이 잊히고, 무엇이 왜곡되었는지를 살펴보아야 한다고 이야기했습니다. 프로테스탄트 학자들은 이러한 문제의식을 가지고 교부들의 저작에 관심을 기울였습니다. 그들은 새로운 열정으로 교부들의 저작을 연구하고 편집했

---

[20] 프로테스탄트 종교개혁과 교부 전통 간의 만남에 대한 매우 유익하고 독창적인 관점을 보여주는 저작으로 다음을 들 수 있습니다. D. H. Williams, *Retrieving the Tradition and Renewing Evangelicalism* (Grand Rapids, Eerdmans, 1999) 특히 6장 '종교개혁 시대의 성서와 전통'Scripture and Tradition in the Reformation을 참조하십시오.

습니다.[21] 대중과 로마 가톨릭 반대자들이 익숙하게 여기던 전통을 낯설고 새롭게 만들어 보여주려 했습니다. 흔히 학계에서는 종교개혁 논쟁을 아우구스티누스 신학에 내재한 두 측면(그의 은총론과 교회론)의 대립으로 이해함으로써 프로테스탄트 종교개혁이 아우구스티누스의 새로운 모습을 발견해냈는지 주의를 환기하곤 합니다. 당시 프로테스탄트 학자들이 편집한 교부 문헌 선집을 보더라도 이와 유사한 점을 발견할 수 있습니다.

이를 통해 프로테스탄트 학자들은 그때까지 '참된' 이야기라고 믿었던 이야기가 실제로는 참이 아님을 드러내고자 했습니다. 이를 명확하게 하려면 익숙한 것을 낯설게 만들어야 한다고 믿었습니다. 이러한 프로테스탄트의 도전에 응하기 위해 가톨릭 전통을 옹호하는 학자들은 프로테스탄트 학자들만큼이나 많은 일을 해야만 했습니다. 그들은 충분한 근거를 제시해 과거와 현재 사이에는 어떠한 불연속성이나 부조화도 없음을 입증하고자 했습니다. 나아가 과거에 다른 신학 입장이 있었다는 프로테스탄트 학자들의 주장이 정당화될 수 없도록 과거의 기록에서 드러나는 불일치를 거부해야 했습니

---

[21] 새롭게 개발된 인쇄술이 논쟁의 불을 지폈습니다. 16세기 중반은 교부 문헌 출판의 황금기였습니다. 이에 더하여 그 수가 적어 사실상 알려지지 않았던 필사본도 인쇄되기 시작했습니다. 이는 논쟁 과정에서 기습적으로 유리한 위치를 점하기 위한 좋은 수단이었습니다. 유명한 프로테스탄트 종교개혁자 베르밀리Vermigli는 1549년 옥스퍼드에서 가톨릭 학자들과 논쟁하던 중, 5세기 테오도레투스Theodoret of Cyrrus의 문헌을 인용해 가톨릭 학자들을 당황하게 했습니다. 2년 전 로마에서 출판되었음에도 그들은 이 문헌의 존재를 몰랐기 때문입니다.

다. 이러한 맥락에서 가톨릭 전통을 옹호하는 학자들은 교부들도 우리가 지금 이야기하는 것과 같은 것을 이야기했다고, 숨겨진 대안 역사라는 것은 존재하지 않는다고 이야기했습니다.

두 가지 전략을 실행에 옮기기 위해서는 자료들을 매우 능숙하게, 백과사전식으로 다룰 수 있어야 했습니다. 그 결과 16세기와 17세기에는 추기경 바로니우스Baronius*부터 '마그데부르크 세기'Centuries of Magdeburg*를 편집한 프로테스탄트 학자들을 거쳐 틸몽Tillemont*에 이르기까지 대규모로 자료들을 모으고 정리한 작업물들이 나왔습니다.[22] 그러나 믿음의 연속성을 정당화하는 움직임이 일어나는 동안

---

[22] 1559~1574년에 마그데부르크의 세기사가Centuriators of Magdeburg들이 작성한 『그리스도의 교회 역사』Historia Ecclesiae Christi는 교황의 폭정으로 최초의 믿음이 타락한 것에 대한 프로테스탄트 진영의 맹렬한 고발을 담고 있습니다. 열두 권으로 된 체 자래 바로니우스 추기경의 『교회연보』Annales Ecclesiastici(1588~1607)는 이 루터교 역사가들을 포괄적으로 반박합니다. 틸몽Louis Sébastien Le Nain de Tillemont(1637~1698)은 1693~1712년에 열여섯 권으로 이루어진 『교회의 역사 첫 6세기를 이해하는 데 도움이 되는 기록들』 Mémoires pour servir à l'histoire ecclésiastique des six premiers siècles를 출판했는데 이는 이후 300년간 교부학자들에게 훌륭한 자료로 사용되었습니다.

* 카이사르 바로니우스(체사레 바로니오, 1538~1697)는 로마 가톨릭 교회의 추기경이자 교회사가다. 이탈리아 소라에서 태어나 1556년 법학 공부를 시작해 박사 학위를 받았으며 이후 1564년 사제 서품을 받았다. 1596년에는 교황 클레멘스 8세Clement VIII에 의해 추기경으로 임명되었으며 동시에 바티칸 도서관의 도서관장으로 임명되어 학술 활동에 매진했다. 이후 로마에 있는 발리첼라의 산타 마리아 성당에서 30년간 신학을 가르쳤다. 종교개혁 시기 프로테스탄트 측에서 만든 반 가톨릭 역사에 대한 응답으로 『교회연보』Annales Ecclesiastici을 내놓았는데 신학적이면서도 엄밀한 연대기를 구축해 훗날 액턴은 이 저작을 교회사 저작 중에서 가장 위대한 저작으로 꼽았다.

* 마그데부르크 세기는 그리스도교 역사를 1400년도에 이르기까지 세기별로 구분한 것이다.

* 루이 세바스티앙 르냉 드 틸몽(1637~1698)은 로마 가톨릭 사제이자 교회사가다. 프랑스 파리에서 태어나 1676년 사제 서품을 받고 이후 교회사 집필에 매진했다. 총 16권으로 된 『교회의 역사 첫 6세기를 이해하는 데 도움이 되는 기록들』Mémoires pour servir à l'histoire ecclésiastique des six premiers siècles과 총6권으로 된 『황제들의 역사』Histoire des empereurs를 남겼는데 두 저작들 모두 훗날 역사가들의 주요 참고자료가 되었다.

새로운 문제가 제기되었습니다. 급진적인 (특히 이탈리아와 폴란드) 프로테스탄트들은 더는 교회 질서, 성사론, 나아가 성화하는 은총에 관한 문제를 중시하지 않게 되었습니다. 그리고 그들은 가톨릭 전통을 옹호하는 이들뿐만 아니라 주류 프로테스탄트들에게도 당혹스러운 문제를 제기했습니다. '신학의 어떤 영역이 더는 알아볼 수 없을 정도로 부패했다면, 애초에 신학이 드러내고자 했던 진리를 이제는 폐허가 되어버린 곳에서 수고를 기울여 발굴해야 하는 것이라면 신학의 주요 주제인 삼위일체나 성육신 교리도 그러한 영향을 받지 않았다고 어떻게 단언할 수 있겠는가?' 초기 그리스도교 문헌들에 관한 지식이 증가하자 이렇게 질문할 이유도 더 많아지는 것처럼 보였습니다. 주류 프로테스탄트와 가톨릭 진영은 모두 이러한 도전에 맞서기 위해 더 정교한 해석을 해내야 했습니다.[23]

위와 같은 질문에 대응하는 차원에서 연구물들이 나온 17세기부터 18세기 초엽까지를 오늘날 지성사에서는 '포괄적인 기록물의 시대'age for comprehensive documentation라고 부릅니다. 목표와 방법론은 다양했습니다. 교부학 연구의 황금기를 구가하던 프랑스에서는 예수회 수사 드니 페토Denis Pétau(디오니시우스 페타비우스Dionysius

---

[23] 이 시기의 교리적 급진주의와 관련해서는 Maurice Wiles, *Archetypal Heresy: Arianism Through the Centuries* (Oxford, Clarendon Press, 1996), 3장을 참고하기 바랍니다. 더 일반적인 정보는 G. H. Williams, *The Radical Reformation* (Kirksville, MO, 1992)를 참조하십시오.

Petavius)*가 급진적인 프로테스탄트들의 문제 제기를 받아들여 오히려 이를 바탕으로 주류 프로테스탄트의 근간을 흔드는 대담한 시도를 했습니다. (급진적인 프로테스탄트 학자들의 문제 제기를 받아들여) 그는 초기 그리스도교 저술가들의 교리 정식은 아무리 잘 봐주더라도 모호한 수준이었고 이후 관점으로 볼 때는 명백히 틀린 부분도 있음을 인정했습니다. 그러나 페토는 이것이 전체 교회가 '신앙의 수호자'guardian of the faith로서 로마 주교의 역할을 온전히 인식하지 못했기 때문이라고 보았습니다. 그는 2세기 그리스도교 저술가가 성부와 성자의 동등성과 관련해 모호한 진술을 했다고 해서 그것이 니케아 신경의 진리를 훼손할 수는 없다고, 신경의 진리는 특정 고대 저술가의 권위가 아닌, 하느님께서 인정하신 교황의 권위에 달려있다고 말했습니다. 그는 더 나아가 교황의 권위를 받아들이지 않는다면 정통 칼뱅주의자들은 유아 세례와 삼위일체론을 폐기하고자 하는 급진적인 프로테스탄트들에게 어떠한 설득력 있는 논변도 제시하지 못하리라고 이야기했습니다.[24] 수많은 학자가 페토의 견해에 열정적으로 이의를 제기했습니다. 모

---

[24] 페토에 관한 가장 좋은 소개는 *Dictionnaire de théologie catholique*, vol.xii/I, cols 1313~1337에 수록된 폴 갈티에P. Galtier의 글입니다.

* 드니 페토(1583~1652)는 프랑스 예수회 수사이자 역사가, 교의신학자다. 오를레앙에서 태어나 1605년에 예수회에 입회하고 콜레주 드 클레르몽에서 수사학을 가르쳤다. 당대의 가장 뛰어난 학자 중 하나로 평가받았으며 시간에 따른 교리의 발전이라는 개념을 처음으로 받아들인 인물 중 하나다.

든 것의 진리성 여부를 기꺼이 교황의 승인에 맡기는 페토의 견해를 모든 가톨릭 학자가 지지한 것은 아닙니다. 그러나 이에 대한 가장 적절한 반응을 한 것은 성공회 학자들이었습니다. 그들은 교황과 같은 심판의 개입 없이도 역사를 연속성이 있는 것으로 이해하려 했습니다. 성공회 주교 조지 불George Bull*은 니케아 신경을 옹호하며, 모호해 보이는 정식을 해석하기 위해서는 그 맥락을 충분히 살펴야 하고 이를 따라 각 표현이 가리키는 의미를 주의를 기울여 헤아려 본다면 교리의 일관성을 발견할 수 있다고 이야기했습니다. 많은 사람이 불의 이야기에 공감했고 가톨릭 진영과 정통 프로테스탄트 진영은 모두 그에게 찬사를 보냈습니다.[25] 불이 택한 길은 완고하고 비역사적인 길이 아니었으며 미묘한 표현을 그 용례에 비추어 해석하고 어떠한 식으로든 섣불리 판단하는 것을 거부해 페토나 유니테리언 급진주의자들의 견해보다 많은 장점을 갖고 있었습니다. 그러나 불의 접근에는 그리스도교가 태동한 지 300년 동안 모든 그리스도인이 (정확하게 이를 표현하지는 못했다 할지라도) 니케아 신경을 정말로 믿

---

[25] 불에 대해서는 다음을 참조하십시오. L. W. Barnard, 'Bishop George Bull of St David's: Scholar and Defender of the Faith', *Journal of Welsh Ecclesiastical History* 9 (1992), 37~51.

* 조지 불(1634~1710)은 잉글랜드 성공회 신학자이자 주교다. 신학교에서 공부하며 리처드 후커, 제레미 테일러Jeremy Taylor와 같은 신학자들의 영향 아래 사제 서품을 받고 1686년에는 주교 서품을 받았다. 삼위일체에 관해 몇몇 논문을 남겼는데 이 논문은 로마 가톨릭 진영과 프로테스탄트 진영 양쪽에서 높은 평가를 받았으며『로마 교회의 타락』Corruptions of the Church of Rome은 당대 많은 이에게 읽혀져 1714년까지 잉글랜드에서만 4판을 찍었으며 이탈리아어로도 번역되었다.

었다는 가정이 암묵적으로 들어있습니다. 이는 또 다른 질문의 여지를 남기는데, 이에 관해서는 나중에 다시 다루어보도록 하겠습니다.

여기서 핵심은 종교개혁이 교회의 과거를 바라보는 새로운 태도를 만들어냈다는 데 있습니다. 종교개혁 이후 과거의 모든 것은 논쟁의 장에 올랐으며 정당화가 필요해졌습니다. 사람들은 과거에서 현재가 필연적으로 도출되지는 않는다고 생각하게 되었습니다. 그러므로 과거에서 어떤 새로운 당위를 찾든, 과거에서 현재까지 연속성이 있다고 주장하든 모든 주장은 자료들을 다시 읽어야 하며 여러 추가 작업을 통해 보완되어 이치에 맞게 설명되어야 한다는 암묵적인 합의가 생겼습니다. 이와 동시에 과거의 대부분이 잘못된 것, 왜곡된 것일 수 있다는 생각이 힘을 얻게 되었습니다. 이러한 생각을 하는 이들은 교회가 태어났을 때부터, 혹은 태어난 지 얼마 되지 않아 이내 진리를 상실했거나 무언가 덧입게 되었다는 강력한 의혹을 품고 과거를 대하게 되었습니다. 독일에서 교회사 연구가 본격적으로 시작될 때 이러한 생각은 학자들에게 커다란 영향을 미쳤습니다. 독일 교회사 전통의 토대를 이루는 신화라 해도 과언이 아닐 정도로 말이지요. 18세기 독일의 가장 위대한 교회사가였던 요한 로렌츠 폰 모스하임Johann Lorenz von Mosheim*은 지성사적인 측면에서 그리스도교 초창기부터 플라톤 철학이라는 '외인부대'alien forces가 신학을 점령했으며 참된 그리스도교 사상은 끊임없이 이 '둥지의 뻐꾸기'에 의해 왜곡되었다는 논의를 방대한 분량으로 기술했습니다.[26] 그리고 19세기 후반과 20세기 초반 아돌프 폰 하르낙Adolf von Harnack*은 모든 교리를 제거함으로써, 유니테리언주의Unitarianism 방식도 경건주의Pietism 방식도 아닌 자유주의에 따라 예수의 복음을 재구성함으로써 이 신화에 결정적인 형태를 부여했습니다.[27]

20세기 내내 이러한 접근은 교회사 연구 및 신학 연구에 막대한 영향을 미쳤습니다. 루돌프 불트만Rudolf Bultmann은 결코 자유주의자가 아니었지만 교회 초창기에 행해졌던 선포가 교리와 가톨릭 제도에 의해 왜곡되었다는 독일 교회사 전통의 기조를 견지했습니다. 그

---

[26] 요한 로렌츠 폰 모스하임에 관해 좀 더 자세히 살펴보기 위해서는 Rowan Williams, 'Newman's Arians and the Question of Method in Doctrinal History', *Newman After a Hundred Years* (Oxford, Clarendon Press, 1990), 263~285, 특히 279~283을 참조하기 바랍니다.

[27] 하르낙 신학에 관한 종합적 연구로는 E. P. Meijering, *Die Hellenisierung des Christentums im Urteil Adolf von Harnacks* (Amsterdam/Oxford/New York, North Holland Publishing Company, 1985)가 있습니다. 인물에 관한 보다 개괄적인 연구로는 W. Pauck, *Harnack and Troeltsch: Two Historical Theologians* (New York, Oxford University Press, 1968)을 참조하십시오.

* 요한 로렌츠 폰 모스하임(1694~1755)은 독일 교회사가다. 킬 대학에서 공부했고 헬름슈타트 대학 신학부에서 가르쳤다. 이후 괴팅엔 대학의 창립에 기여했으며, 1747년부터 괴팅엔 대학에서 가르쳤다. 그는 이전의 역사가들에게서 찾아볼 수 없었던 객관성과 통찰로 최초의 근대적 교회사가로 평가받는다.

* 아돌프 폰 하르낙(1851~1930)은 독일 개신교 신학자이자 교회사가다. 오늘날 에스토니아와 라트비아에 속한 리보니아에서 태어나 리보니아에 있는 타르투대학교에서 신학을 공부하고 독일 라이프치히대학교에서 신학전공으로 박사학위를 받았다. 이후 라이프치히, 기센, 마르부르크, 베를린 훔볼트대학교에서 교회사를 가르쳤다. 1890년에는 프로이센 아카데미 회원이 되었으며 훗날 막스 플랑크 연구소의 전신이 되는 카이저 빌헬름 협회의 초대 협회장을 맡았다(이 때문에 오늘날 막스 플랑크 연구소가 수여하는 최고상은 '아돌프 폰 하르낙 메달'이라고 불린다). 근대의 가장 위대한 교회사가로 꼽히며 신학적 자유주의의 대표주자로도 꼽힌다. 저작으로『유일신론, 그 사상과 역사』Das Mönchtum, seine Ideale und Geschichte, 『그리스도교의 본질』Das Wesendes Christentums, 「마르키온」Marcion, 오늘날까지 가장 탁월한 교리사로 평가받는『교리의 역사』Dogmengeschichte 등이 있다. 한국에는『기독교의 본질』(한들)이 소개된 바 있다.

리고 수 세대에 걸쳐 독일 및 다른 나라의 신약학자들이 불트만의 노선을 따랐습니다.[28] 최근에 일어나고 있는, 그리스도교 전통에서 여성이 가지는 지위에 관한 논쟁 역시 의식적으로든 무의식적으로든 유사한 양상을 보입니다. 그리스도교 기원을 다룬 엘리자베스 쉬슬러 피오렌자Elisabeth Schüssler Fiorenza*의 대작은 초기 그리스도교 공동체를 '타락하지 않은'unfallen, 남성과 여성 모두를 평등하게 대한 공동체로 그리고 있습니다.[29]

여기서 분명하게 짚고 넘어갈 것은 이러한 재구성이 그 자체로 바람직하지 않다거나, 시도해서는 안 된다거나, 지적으로 터무니없는 일이 아니라는 것입니다. 중요한 점은 이러한 시도들은 여타 신

---

[28] 이 문제와 관련해서는 불트만의 *Theology of the New Testament* (London, SCM Press, 1955) 2권 중 5장을 살펴보는 것이 좋습니다. 데이비드 포드David Ford가 편집한 *The Modern Theologians* (Oxford, Blackwell, 1997), 68~86에 수록된 로버트 모건Robert Morgan의 루돌프 불트만 소개글은 불트만 개인과 그가 미친 영향(특히 에른스트 케제만Ernst Käsemann에게 미친 영향, 그는 '초기 가톨릭'에 대한 불트만의 비판적인 입장을 더욱더 강하게 밀고 나갔습니다)을 잘 다루고 있습니다. 『현대 신학과 신학자들』(CLC) Gareth Jones, *Bultmann: Towards a Critical Theology* (Oxford, Blackwell, 1991)도 참고할 만합니다.

[29] Elisabeth Schüssler Fiorenza, *In Memory of Her. A Feminist Theological Reconstruction of Christian Origins* (New York, Crossroad, 1983) 이 주제는 교부 시대의 영성에 관한 본디Roberta C. Bondi의 두 저작 *To Love as God Loves: Conversations with the Early Church* (Minneapolis, Augsburg/Fortress, 1987) 그리고 *To Pray and to Love: Conversations on Prayer with the Early Church* (Minneapolis, Augsburg/Fortress, 1991)에서 보다 신선하고 명료하게 제시되었습니다. 저는 특별히 이 두 책의 도움을 많이 받았음을 밝힙니다.

* 엘리자베스 쉬슬러 피오렌자(1938~)는 루마니아 출신의 독일 신학자다. 독일 뮌스터 대학교에서 박사학위를 받고, 미국 하버드 대학교 신학대학원에서 가르친다. 여성주의, 성서적·신학적 인식론과 해석학, 수사학, 해석의 정치학에 관심이 있으며 신학교육과 급진적 평등, 민주주의에 대해서도 연구한다. 학술지 「여성주의 종교연구」 Journal of Feminist Studies in Religion을 만들었고 편집위원으로 활동하고 있다. 주요 저서로 『그녀를 기억하며』In Memory of Her(1983), 『돌이 아니라 빵을』Bread Not Stone(1985), 『말씀의 힘』The Power of the Word(2007) 등이 있으며 한국어로 『동등자 제자직』(분도출판사), 『돌이 아니라 빵을』(대한기독교서회), 『성서 소피아의 힘』(다산글방) 등이 소개된 바 있다.

화들과 많은 측면에서 유사한, 너무나 친숙해서 당연하게 느껴지는 어떤 신화를 역사 해석의 틀로 사용한다는 것입니다. 그리스도교 역사가들은 언제나 그리스도교 역사 이야기 속에서, 자료들에서 일정한 줄거리를 찾아내려 했습니다. 그 줄거리는 에우세비우스처럼 수난과 하느님의 승리일 수도 있고, 베다처럼 참된 교회와 거짓된 교회의 전투일 수도 있습니다. 혹은 종교개혁 시기에 나온, 그리스도 운동이 시작된 지 얼마 되지 않아 혹은 시작되자마자 외부 세력으로 인해 왜곡되고 타락했기 때문에 오래된 기록들을 뒤지고 수고를 기울여 참된 정체성을 재구성해야 한다는 거대한 음모론일 수도 있습니다. 그러나 이 모든 것은 교회사가들이 과거의 흐름을 살피면서 이에 대해 특정한 정의를 내리고자 한다는 것을 보여줄 뿐입니다. 그리고 이는 앞서 살폈듯 모든 역사 서술의 핵심 동기라 할 수 있습니다. 정체성이 흐릿해질 때, 정체성이 의문시될 때 우리는 과거를 돌아보기 시작합니다. 그리고 역사는 저 정체성을 다시금 선명하게 드러내는 방식으로, 확고하게 정립하는 방식으로 서술됩니다. 물론 이러한 과정을 거치며 정의는 이전과 상당히 달라질 수 있습니다. 그러나 그 목적은 언제나 우리가 누구인지를 더 온전히 아는데, 우리가 누구인지에 대한 좀 더 온전한 감각을 갖추는 데 있습니다.

저는 과거의 낯선 측면을 드러냄으로써, 그러한 과거와 만나게 해줌으로써 우리가 누구인지에 대한 감각을 새롭게 하는 것이 좋은 역사 서술이라고 생각합니다. 그리고 이렇게 새로워진 감각을 바탕으로 '나', 혹은 '우리'는 정체성을 새로이 수립하게 됩니다. 이 정체성은 과거에서 필연적으로 도출되는 것이 아닙니다. 우리가 머무르고 있다고 여기는 '지금, 여기'서 분명하게 파악할 수 있는 것도 아닙니다. 정체성은 타고난 것이 아닙니다. 과거와 만남으로써 우리는 우리가 생각해왔던 우리와는 다르나 실제 우리를 이루는 것과 연결됩니다. 지난한 과정을 거쳐 형성된 정체성은 그때까지 우리가 온전히 이해하지 못했던 것들을 포괄할 수 있게 됩니다. 자기 자신에 대한 좋은 분석은 자기 안에 있는 낯선 요소들을 이해할 수 있도록 도와줍니다. 좋은 역사 서술도 마찬가지입니다.

좋은 역사 서술은 현재 우리가 당연하게 받아들이는 것, 당연하게 받아들일 수 있는 것들에 사로잡힌 우리를, 즉 우리 정체성에 대한 관습적인 사유로부터 우리를 벗어나게 해줍니다. 반면 나쁜 역사 서술은 이러한 지난한 과정, 정체성의 확장을 거부하고 가로막습니다. 거짓 역사는 우리에게 과거를 외양만 바꾼 현재로 제시하거나 야만과 무지로 가득 찬, 완전히 '낯선 나라'로 제시해 배척하고 거부하게 만듭니다.

오늘날 역사 드라마, 고전 소설을 바탕으로 만든 TV 프로그램과 관련해 흥미로운 논쟁이 진행되고 있습니다. 작가들이 대사를 쓸 때 등장인물들의 행동 동기와 사회의 관습, 성적 행동을 '현대화'modernising하는 작업이 과연 우리가 과거를 더 잘 이해하는 데 도움을 주는지, 아니면 가로막는지 말이지요. 지금까지 한 이야기를 바탕으로 한다면 위 문제에 대한 답은 부정적입니다. 과거의 낯선 면모를 무시하거나 일부러 제거하는 행동은 역사적 사실을 축소하고 은폐할 뿐 아니라 우리를 '현대'에 고립되게 만들어버립니다. 이러한 상황에서 우리는 우리가 어디에 있는지, 어떤 존재인지를 이해할 수 없습니다. 다른 존재, 다른 사고방식을 진지하게 마주하며 오늘 우리의 존재 방식과 사고방식을 낯설게 보는 일이 불가능해지기 때문입니다.

좋은 역사를 쓴다는 것은 궁극적으로 도덕적인 문제입니다. 물론 과거 액턴 경이 바랐던 방식은 아니라 할지라도 말이지요(그가 주장했듯 특정 행동에 대한 판단은 과거에 일어난 일이라 하더라도 피할 수는 없을 것입니다). 적어도 우리는 오늘의 우리와 과거의 우리 사이에, 우리의 상상력과 우리가 당연히 여기는 것 사이에 틈을 마련할 수 있습니다. 그 결과 우리는 이전보다 진보적인 태도를 갖게 될 수도 있고 반대로 더 보수적인 태도를 갖게 될 수도 있습니다. 어쩌면 이를 통해 우리는 근대 자유주의가 제공하는 편안한 분위기에 감춰져 있는 커다란 위험을 직시하고 참된 의미에서 불안감을 갖게 될지도 모릅니다. 절대적이라고 여겼던 것, 논쟁의 여지가 없는 것처럼 보이던 것이 자연법칙이 아닌 어떠한 과정의 결과라는 사실이 드러날 수도 있습니다.

그때 역사는 우리에게 무엇을 해야 할지 알려주지 않을 것입니다. 그러나 적어도 역사는 우리가 지금과는 달리 행동하게끔, 우리 자신을 좀 더 알아가게끔, 그리하여 좀 더 도덕적으로 행동하게끔 해주는 여정의 출발점 앞에 우리를 세울 것입니다. 이는 역사가 '지금, 여기'를 당연시하는 우리에게 그 너머를 알려주지 않는다면 결코 일어날 수 없는 일입니다. 이렇게 해서 우리는 이야기의 처음으로 돌아왔습니다. 연속성과 차이 사이의 어려운 균형을 찾아야 하는 곳, 낯선 것에 대한 존중과 낯선 것을 해석하고, 낯선 것과 다투고, 낯선 것을 다룰 수 있는 자유 사이에 도덕적 긴장이 있는 곳으로.

III

지금까지 한 이야기에 비추어본다면 위에서 언급한 대부분의 교회사 서술은 나쁜 역사 서술처럼 보일지도 모르겠습니다. 열정적으로 과거를 살피며 현재를 정당화하려는 시도는 대개 과거와 현재의 차이를 무시하는 방식으로 이루어집니다. 에우세비우스는 과거의 자료들과 자신이 속한 시대의 교리적 연속성을 살피며 200년 전 사람들이 생각했던 방식이 자신이 생각하는 방식과 크게 다르지 않을 것이라고 가정했습니다(오늘날 사람들이 보기에는 두 시대가 시간상으로 별다른 차이가 없어 보이기는 하지만 말이지요). 또한 4세기 자료를 사용해 당대 성찬례에 관한 로마 가톨릭 교회의 이해가 참된 전통의 왜곡임을 입증하고자 했던 종교개혁자는 4세기 그리스도교 저술가가 자신과 본질적으로 똑같은 물음에 답하고 있다고 생각했습니다. 이와 비슷한 맥락에서 어떤 현대 학자는 원시 그리스도교가 근본적으로 현대 페미니즘과 같다고 생각할 수 있습니다. 하지만 이러한 생각들은 수 세기 동안 이어져 내려온 교리 정식과 신학 입장들이 매우 다양한 원천에서 나왔다는 점을 충분히 성찰하지 못한 것일 수도 있습니다. 물론 원시 그리스도교는 후대에 형성된 전통에 질문을 던지는 데 자료로 활용될 수 있고 또 자료로 활용되어야 합니다. 그러나 원시 그리스도교의 낯선 면모는 유지되어야 합니다. 원시 그리스도교가 우리에게 도움을 주는 이유는 그것이 외양만 바꾼 현재이기 때문이 아니라 실제로 과거이기 때문입니다. 원시 그리스도인들은 옛 옷을 입은 현대인들이 아닙니다. 그들은 그들의 시대를 살았던 이들이었습니다.

그렇다면 이러한 생각을 좀 더 이어가 보겠습니다. 에우세비우스와 존 폭스는 21세기 관점에서는 나쁜 역사라고 할 수밖에 없는 역사를 서술했습니다. 그러나 그들은 '좋은 21세기 역사서'를 쓰려 하지 않았습니다. 그들이 시도한 역사 서술의 낯섦은 역사 서술의 역사를 살피는 이에게 중요한 질문을 던지며, 이는 성서의 역사성에 관한 복잡다단한 문제를 살피는 데도 도움을 줍니다. 이러한 눈으로 성서 연대기 작가들을 본다면 이야기 전달 능력이 떨어진다고, 사실성이 떨어진다고 그들을 섣불리 폄하하지 않을 것이며 섣불리 현대적인 관점에서 좋은 이야기 전달자로, 나쁜 이야기 전달자로 보지도 않을 것입니다. 또한 원시 그리스도교의 신학과 관행을 재구성하려는 현대 페미니스트 신학자들의 시도를 나쁜 역사 서술이라고, 특정 이데올로기에 물든 소설 쓰기라고 섣불리 단정하지도 않을 것입니다. 이들은 역사 서술의 규범을 따라 역사를 쓰는 것만으로는 알 수 없는 다른 무언가를 시도하고 있기 때문입니다. 현대 역사 서술의 규범을 익히고 우리 질문에 대한 답변으로서 역사를 만들어내는 것의 위험성을 충분히 인지한다면 우리는 에우세비우스와 폭스가 했던 것처럼 역사를 쓸 수는 없을 것입니다. 그리고 어떤 지점에서 불트만에게, 피오렌자에게 정당한 반론을 제기할 수도 있을 것입니다. 그러나 그것이 전부는 아닙니다.

이제부터는 제가 제시한 좋은 역사, 나쁜 역사의 기준에 포섭되지 않는 것이 무엇인지 살펴보고 교회사, 교회사 서술이 도덕적인 문제일 뿐 아니라 신학적인 문제이기도 하다는 것을 이야기하고자 합니다. 그리스도인은 자기비판, 자기 자신에 대한 이해의 확장, 성장을 위해 과거와 만납니다. 그리스도인에게는 일반인보다 이렇게 해야 할 분명한 이유가 있습니다(물론 일반인이 일반 역사에 접근할 때도 이를 중요하게 참조할 수 있겠지만 말이지요). 그리스도교 역사의식의 출발점, 모든 그리스도교 역사 서술의 시작은 정체성에 대한 감각, 오늘날 그리스도인이 확장된 시간과 공간에 속한 신자들의 공동체와 관계를 맺고 그러한 관계에 참여한다는 믿음입니다. 이 공동체의 구성원들은 막연한 지리적 연결과 동시대 의식을 공유하는 것보다 훨씬 더 긴밀한 관계를 주고받습니다. 신학적인 표현을 쓰자면 오늘날 자신을 그리스도인으로 고백하는 이들은 자기 자신을 그리스도라는 몸의 한 지체로 여기기 때문입니다.

그리스도인으로서 내가 누구인지에 대한 물음은 오직 불가능해 보이는 가정, 즉 다른 모든 그리스도인의 삶이 그리스도인으로서 나의 삶을 형성했다는, 좀 더 구체적으로는 그리스도를 닮아가게끔 내 삶을 빚어냈다는 믿음과 이러한 과정을 보고 파악할 수 있다고 가정할 때만 온전히 답변할 수 있습니다. '지금, 여기'에 있는 나 홀로는 이러한 차원을 알지 못하고 알 수도 없습니다. 그러나 그러한 내가 고린토인들에게 보낸 첫 번째 편지에 나오는 사도 바울로의 말을 주의 깊게 듣는다면 '그리스도인으로서 나'의 정체성, 나의 삶은 눈에 보이는, 혹은 눈에 보이지 않는 (하느님께서 주신) 선물들의 끊임없는, 수많은 교환을 통해 형성되었음을 알게 될 것입니다. 이러한 선물의 교환은 (살아 있는 이들 사이에서 이루어질 뿐 아니라) 살아 있는 사람과 죽은 사람 사이에서도 끊임없이, 생동감 있게 일어납니다. 이러한 측면에서 21세기를 살아나는 그리스도인인 '나'의 삶과 12세기

이라크 지역에서 살았던 그리스도인의 삶은, 21세기 콩고, 아칸소나 바누아투에서 사는 그리스도인의 삶과 마찬가지로 서로 연결되어 있습니다. 그리스도교 신학의 차원에서 '나'는 이들에게 얼마나 많은 빚을 지고 있는지 우리는 정확히 알 수 없습니다. 한 그리스도인의 신앙하는 삶은 또 다른 신앙하는 삶을 가능케 합니다. 그러나 이는 정확하게 측정할 수 있는 부류의 것이 아닙니다. 그리스도를 구체적으로, 고유한 방식으로 좇아 닮아가는 '나'의 발걸음에, 나의 소명을 실현해 가는 가운데 다른 그리스도인들이 어떻게, 얼마나 도움을 주는지 '나'는 결코 온전히 헤아릴 수 없습니다.

이 점을 강조하는 이유는 우리는 바로 이 지점에서 멈춰 숙고해야 하며, 이 지점이 우리에게 일으키는 곤혹스러움을 정직하게 직시해야 하기 때문입니다. 우리는 우리가 다른 이들에게 얼마나 많은 빚을 지고 있는지 정확하게 알고 싶어 합니다. 우리는 우리가 볼 수도 없고 알 수도 없으며 평가할 수도 없는 힘들이 우리 자신을 빚어내고 있다는 진실, 우리 자신의 삶을 주조하고 있다는 진실을 받아들이기를 꺼리곤 합니다. 이른바 탈근대주의자들은 우리가 언어를 말하기보다는 언어가 우리를 말한다고 이야기하지만 우리는 어떤 분명한 경계를 설정하고 싶어 합니다. 우리는 그리스도의 몸이라는 신학적 표현이 시사하듯 경계가 없는 방식으로 존재하기를 바라지 않습니다. 그러나 정통 그리스도교의 고백들을 진실로 받아들인다면 그리스도인으로서 우리의 정체성은 헤아릴 수 없을 정도로 많은 낯선 이들과의 교제, 그들에게 있는 낯선 요소들과의 끊임없는 만남과 긴밀한 연관을 맺고 있음을 깨달아야만 합니다.

그리스도인은 그리스도교의 과거에 다가가며 먼저 자신이 함께 기도하는 이들, 함께 성찬례에 참석하는 이들, 함께 같은 성서를 읽는 이들과 만나고 있음을 의식합니다. 이들을 통해 그는 하느님의 성화하는 은총이 활동하고 있음을 봅니다. 그러나 여기서 끝나지 않습니다('지금, 여기'에 함께 있는 이들은 넓은 차원에서 '나'와 비슷한 사람들이기 때문입니다). 이는 그리스도인에게 자신이 단순한 친목 활동이 아닌 그리스도와의 연합으로 어우러진 친교로 부름받았다는 그리스도교의 기초적인 믿음을 일깨울 뿐입니다. 역사적 탐구를 하는 동안 그는 이러한 근본적인 신념을 더 강하게 해주는 사건들을 만나게 될 수도 있고, 오히려 약하게 해주는 사건들을 만나게 될 수도 있습니다. 하지만 오직 우리가 성사를 집전하고 성서를 읽음으로써 참여하게 되는 교회의 신학을 거부하고 부정할 때만 그러한 신념 자체를 버릴 수 있습니다. 그리스도교를 단순히 역사 속에서 이루어지는 인간 정신의 활동으로만 본다면 과거를 이해하려는 분투는 위와는 달라질 것이며, 덜 철저하게 이루어질 것입니다. 신학적 확신을 가진 역사가에게 주어진 핵심 과제는 결국 과거의 사람들을 통해 그리스도에 관해 진실로 알려진 것이 무엇인지를 식별하는 것이라고 할 수 있습니다.

과거 어떤 시대보다 오늘날 우리가 그리스도에 관해 더 많은 것을 안다고 주장하는 진보주의자들의 신화는 이러한 식별을 불가능하게 만듭니다. 우리가 그리스도에 관해 알기 위해서는 오직 믿음의 아버지와 어머니의 판단만을 따라야 한다는 보수주의자들, 전통주의자들의 주장 역시 마찬가지입니다. 그리스도의 몸에 관한 신앙을 가지고 과거에 접근하는 이들은 자료에 나오는 과거의 인물들이 자기 자신에 대해 말하는 것을 액면가 그대로 받아들이지 않을 것입니다. 페미니스트들과 해방신학자들이 주장하듯 분명 과거에는 우리가 좀 더 귀 기울여야 들을 수 있는 억압받은 이들의 목소리 또한 있을 것입니다. 그러나 억압받은 이들의 목소리만을 유일한 '참된' 목소리로 여기는 것은 잘못된 일일 것입니다. 모든 좋은 역사가 그러하듯 교회사는 과거를 향해 질문을 던지고 과거가 우리에게 질문을 던지는 과정으로 우리를 초대합니다. 다만 차이가 있다면 그리스도인으로서 우리는 특정 목소리를 부러 회피하거나 희화화하거나 듣는 것 자체를 포기하지 않도록 각별한 주의를 기울여야 한다는 것입니다. 그리스도교의 과거는 불가피하게 그리스도교 현재의 일부로 존재하기 때문이지요. 우리는 그리스도를 통해 하느님과 만나는 일에 관한 기록에 주의를 기울여야 합니다. 이것이 어떻게 오늘 우리의 사고와 의사 결정에 영향을 주는지는 뒤에서 좀 더 살펴보도록 하겠습니다.

적어도 한 가지 부분에서 에우세비우스를 비롯한 위대한 교회사가들은 옳았다고 할 수 있습니다. 그들은 하느님께서 과거에 하셨던 일을 여전히 하고 계심을 신뢰했으며, 한 세대에서 다른 세대로 이어지는 과정 가운데 발생하는 차이를 주의 깊게 살필 때만 온전히 이해할 수 있다는 기대를 품고 과거의 기록에 다가갔습니다. 우리가 그리스도교의 과거라는 길을 걸을 때, 우리가 그 길을 처음으로 밟는 사람은 아닙니다. 나무를 잘라서 보면 그 결은 변치 않음을 알 수 있습니다. 모든 진지한 역사 서술은 궁극적으로 현재와 과거의 상황과 이해가 놀라울 정도로 간극이 있음에도 불구하고 이를 가로질러 어떠한 대화를 나눌 수 있다는 사실을 우리에게 일깨워 줍니다. 이는 그리스도인들에게 훨씬 더 중요한 의미가 있습니다. 이는 그리스도인인 우리가 예수와의 관계, 하느님과 예수가 맺은 관계 주변을 둘러싸고 있는 거대한 관계망에 이끌리고 있음을, 이미 그러한 관계망에 속해 있음을 보여주기 때문입니다. 이러한 맥락에서 역사적 이해는 결코 사치스러운 행동이 아닙니다.

물론 역사적 이해가 사치스러운 행동이 아니라는 점이 과거를 이해하는 데 필요한 수고를 덜어주는 것은 아닙니다. 그리스도인으로서 우리는 아브라함의 하느님이 우리의 하느님이라는 것을 믿고 성서를 읽습니다. 그럼에도 아브라함을 우리 입장이 아닌, 아브라함

그 자체로 이해하기 위해서는 수많은 도전과 마주해야 합니다. 이는 실로 거대한 도전입니다. 어떠한 의미에서 아브라함을 역사적 인물로 보아야 하는지 모르기 때문입니다. 우리는 아브라함이 멀리 떨어진 과거, 그러나 분명하게 실제로 있었던 한 족장의 그림자인지, 후대 이야기꾼들이 창작한, 참신한 성격을 지니고 탁월하며 언제나 하느님을 향하는 인물인지 분명하게 알지 못합니다. 그러나 그렇다고 해서 우리가 아브라함을 내버린다면 우리의 신앙은 뒤죽박죽이 되어버릴 것입니다. 우리에게 주어진 이야기 이면에 어떠한 전승이 놓여 있든 그것은 불가피하게 신앙인으로서 우리의 정체성을 형성하는 일부이기 때문입니다.

주의를 기울여 성서 본문을 읽을 때 우리는 우리 자신이 어떠한 깨달음에 사로잡혀 그러한 행동을 하고 있는지 깨닫게 되기를 고대해야만 합니다. 몇몇 현대 작가들이 말했듯 성서가 하느님의 영감을 받은 문헌이라는 이야기는 성서의 각 권이 기록될 때 성령이 저자들의 손을 움직였다는 이야기가 아닙니다. 성서가 하느님의 영감을 받았다는 이야기는 우리가 성서에 있는 이야기의 낯선 면모를 마주할 때 하느님께서 이를 통해 어떠한 인식을 가능케 해주신다는 것을, 성서를 통해 하느님을 묵상할 때 그분께서 바로 그곳에서 우리와 만나주신다는 것을 뜻합니다. 이러한 맥락에서 아브라함은 '우리 중 한 사람'이 아닙니다. 그러나 그는 우리와 하느님과의 관계 안에서 (그리스도인으로서) '우리'를 형성합니다. 그리고 이러한 과정은 평생에 걸쳐 이어집니다.

교회의 역사와 관련해서도 마찬가지입니다. 물론 교회의 역사를 살피는 것은 거룩한 문헌을 살피는 것과는 일정한 차이가 있습니다. 교회의 역사를 살핀다는 것은 사람들이 어떻게 성서를 읽고 어떻게 살았는지에 관한 정돈되지 않은 역사를 살핀다는 것과 다름없습니다. 그러나 근본적으로 우리가 마주하게 되는 도전은 같습니다. 우리는 그것의 낯선 면모에 주목해야 하고 이를 깨달을 준비를 해야 합니다. 그리스도인으로서 우리는 교회의 과거를 투명한 유리창 뒤에 진열된 전시물 대하듯 바라볼 수 없습니다. 교회의 과거는 우리의 세계이기도 하기 때문입니다. 이어지는 두 장에서 저는 그리스도교 초기 및 종교개혁 시대와 관련된 몇몇 문제들을 좀 더 깊게 살피며, 이러한 배경 가운데서 사람들이 어떻게 교회의 정체성에 관해 고민했고 교회에 대한 만족스러운 모형과 정의를 찾으려 했는지를 살펴보도록 하겠습니다. 과거에 그들이 무엇을 염려했는지를 살펴봄으로써 저는 오늘날에도 여전히 염려할 만한 것이 있는지, 무엇을 염려해야 하는지를 일깨우려 합니다. 이를 통해 우리는 어떤 공통된 정체성을 발견할 수 있을 것이며 역사를 살피는 이는 언제나 자신이 다루는 대상을 정의하려 한다는 말이 구체적으로 무엇을 뜻하는지를 감지하게 될 것입니다.

어떤 이야기를 말하고 그 이야기에 귀를 기울이는 것은 그 자체로 우리가 진실로 말하고자 하는 것이 무엇인지에 관한 응답이라 할 수 있습니다. 프랑스 역사나 약藥의 역사, 교황제의 역사, 사회주의의 역사를 쓸 때와 마찬가지로 우리는 다양한 사건들을 하나의 이야기에 연결하는 방식을 탐구할 것이며 왜 특정 사건들에 특정한 방식으로 주목해야 하는지를 알게 될 것입니다. 그리고 마침내, 우리는 우리의 주제를 다른 방식으로 생각하는 법을 익히게 될 것입니다. 이는 우리가 다루는 문제가 무엇인지 이미 어느 정도 알고 있다는 생각에서 출발해 우리에게 드러난 것을 통해 기존에 내렸던 정의를 확장하고 다시 내림으로써 이루어집니다.

그리스도인이 교회의 역사를 살필 때 그는 과거 그리스도인들이 무엇을 깨달았는지, 무엇을 염려했는지를 그들과 함께 나눔으로써 하나의 사회로서 교회에 대한 믿음을 강화합니다. 이때 그에게 교회는 단순한 역사적 과정의 산물 이상의 것입니다. 교회사를 살피며 때로 그는 권력 게임의 굴곡을 추적해야 합니다. 비극에 관한 기록, 배신에 관한 기록을 발견하게 될 것입니다. 옛 그리스도인들을 움직인 것이 진정 무엇인지 오랜 시간 갈피를 잡지 못할 수도 있습니다. 그러나 그를 시종일관 사로잡을 질문은 결국 하나일 것입니다. 그들이 응답한 방식에 다양한 관심을 기울인다는 것은 곧 우리가 어떠한 부름을 받고 있는지 다양하고 또 온전하게 관심을 기울이는 것을 뜻하기 때문입니다. '과거 그리스도인들의 신실한 모습, 그렇지 못한 모습, 이해할 수 없는 모습, 변화하는 모습, 이 모든 것은 결국 어떠한 부름에 대한 응답인가? 나는 그들이 받아들인 부름을 나의 부름으로 받아들일 수 있을까?'

과거의 의미 - 역사적 교회에 관한 신학적 탐구

72

그리스도인의 몸이
하느님의 힘을 드러내는 터라는 신념을 무시한다면
우리는 결코 초대교회를 이해할 수 없습니다.

02
—

거류 외국인
초대교회의 정체성

우리는 '교회'church가 무엇인지 알고 있습니다. 정확하게는, 알고 있다고 생각합니다. 마치 '과학'science이 무엇인지, '영국 문학'British literature, 혹은 '독일 문학'German literature이 무엇인지 알고 있다고 생각하는 것처럼 말이지요. 이러한 일은 우리가 역사에 다가갈 때, 역사를 만들기 시작할 때도 일어납니다. 우리는 1장에서 과거와 마주했을 때 우리가 지금까지 얼마나 많은 것을 당연시해왔는지, 시간을 초월하는 보편적인 정의를 내리기란 얼마나 어려운 일인지를 돌아보았습니다. 과거를 살피는 일, 그리고 이를 바탕으로 역사를 서술하는 일은 그 자체로 우리가 다루는 대상을 새롭게 다시 정의하는 것이라 할 수 있습니다. 이 과정에서 우리는 서로 다른 역사적 배경에서 한 단어가 어떠한 의미를 갖는지, 어떻게 사용되는지를 살펴보게 됩니다. 이 장은 여기서 시작해보려 합니다. 언어의 쓰임과 관습은 의미와 정의에 어떠한 영향을 미칠까요?

그리스도교 복음이 처음으로 기록되던 시기와 세계에 우리가 오늘날 이해하는 '교회'와 같은 개념은 존재하지 않았습니다. 자발적인 종교 단체라는 점, 온갖 지역에 퍼져 있는 느슨하게 연결된 모임이라는 초기 그리스도교 공동체의 외적 특징은 오늘날 우리가 이해하는 교회와 단지 제한적인 유사성만을 보일 뿐입니다. 이러한 모임들이 인류의 새로운 전망을 제시하기 위해 만들어졌고 구성원들의 (잠재적으로는 배타적인) 충성심을 요구했다는 것은 당시 사람들에게 매우 기이하게 보였을 것입니다. 물론 그 이전에도 구성원의 배타적 충성을 요구하는 구별된 공동체라는 관념은 있었습니다. 로마의 시민 종교는 제국 자체를 성스러운 실재로 간주했고 로마인들은 공적 의례와 황제 숭배를 통해 제국 '시민'으로서 자신의 정체성을 다졌습니다.[1] 이 제국의 우산 아래 몇몇 종교 집단들은 특정 지역의 경계를 넘어 번성했습니다. 이들은 구성원들에게 로마에 기원을 두지 않은 신들에 충성을 맹세할 것을 요구했습니다. 미트라교나 이시스,

---

[1] 몇몇 지역에서 이러한 표현이 어떻게 나타나고 있는지에 관한 상세한 설명은 S. R. F. Price, *Rituals and Power: The Roman Imperial Cult in Asia Minor* (Cambridge University Press, 1984)를 참조하기 바랍니다. 더 일반적인 연구는 Robin Lane Fox, *Pagans and Christians* (London, Viking, 1986), 특히 2장을 참조하십시오.

퀴벨레 숭배 등은 그 대표적인 예입니다. 이러한 집단에 소속된 종교인들은 제국 종교의 시민 사제직과는 다른 전문적인 사제직을 수행했습니다. 그들의 특징은 제국의 공적 의례와는 다른 신자 개인의 종교적 계몽에 중점을 두었다는 것입니다. 그러한 점에서 이들 종교 집단들은 공적 종교를 일부 보완하는 기능을 수행했을 뿐 이를 대체하지는 못했습니다. 그렇기에 로마 당국은 이들에게 별다른 관심을 기울이지 않았습니다. 물론 이 종교 집단들에 속한 전문 종교인은 '성직자의 역할'을 수행한다는 명분 아래 국가의 통제에서 벗어나거나, 가족을 떠나거나, 가족에 대한 의무를 저버리는 행동을 할 수 있다는 점에서 우려를 사기도 했습니다. 그러나 누구도 이를 공적 종교 자체에 대한 위협으로 받아들이지는 않았습니다. 국가와 무관한 어떤 독립된 종교라는 개념은 이 시대에 낯선 것이었습니다. 종교적 실체로서 제국은 사회 질서를 유지했고 공적 의례를 통해 안정과 신의 보호를 보장했습니다. 개별 종교 집단은 보다 개인적인 안녕을 돌보는 역할을 수행하며 공적 종교를 보완했습니다. 이러한 질서에서 특별한 예외는 유대교였습니다. 유대교의 관습은 로마의 공적 종교를 보완하기 위한 개인 신앙의 부가물 정도로 치부하기에는 유대인들의 민족, 사회 정체성과 지나치게 긴밀하게 연결되어 있었습니다. 유대교가 로마의 종교 체제와 공존할 수 있었던 이유는 이러한 요소들이 한 민족에게만 배타적으로 적용되었기 때문입니다. 게다가 유대교의 의례에 참여하는 인구수는 우려할 만한 수준이 아니었습니다. 로마의 시선에서 인류를 위한 보편 가치를 정의하는 경쟁에서 유대교는 상대가 될 수 없었습니다.

그리스도교 공동체는 달랐습니다. 그들은 유대교와도 달랐고 이국적인 신을 섬기는 개별 종교 집단과도 달랐습니다. 초기 그리스도교 기록이 보여주듯 갓 태동한 그리스도교 공동체가 위의 집단들과 뚜렷한 유사성이 있었던 것은 사실입니다.[2] 그러나 자기 자신을 정의하는 언어와 방식은 다른 종교 집단과 놀라울 정도로 달랐습니다. 여기에는 세 가지 요소가 있었는데 함께 놓일 때 어리둥절함을 자아냈습니다. 먼저 그리스도인들은 모임을 할 때 함께 읽은 문서에서 자신들을 '하기오이'ἅγιοι 즉 거룩한holy, 혹은 신성한sacred 백성이라고 불렀습니다. 또한 그들은 자신들의 모임을 '에클레시아이'ἐκλησίαι, 즉 '민회들'civic assemblies이라고 불렀습니다. 마지막으로 그들은 스스로를 '파로이코이'πάροικοι, 또는 '파로이쿤테스'παροικοῦντες라고, 다시 말해 '거류 외국인들'resident aliens 혹은 '정착한 나그네들'settled migrants이라고 불렀습니다.[3] 그들은 자신들이 구별된 장소, 즉 하느님에게 속하는 땅을

---

[2] Lane Fox, *Pagans and Christians*, 82~89에서는 이 문제를 중점적으로 다루고 있습니다.

[3] 이와 관련된 어휘는 신약성서 에페 2:19, 1베드 1:17, 2:11, 히브 11:9에 등장합니다. 폴리카르푸스의 순교 영문 번역은 다음을 참조했습니다. J. Stevenson (ed.), *A New Eusebius* (2nd edn, London SPCK, 1960), no.18, 『편지와 순교록』(분도출판사) 리옹과 비엔느 지역의 순교자들에 관해 서술하는 편지(J. Stevenson, no.21)와 비교해 보십시오. '거류 외국인'이라는 주제와 관련해서는 Rowan A. Greer, *Broken Lights and Mended Lives. Theology and Common Life in the Early Church* (University Park and London, Pennsylvania State University Press, 1986), 6

차지하고 있다고 주장했습니다. 그들의 집단 정체성은 일종의 성소 sanctuary에 비견될 만한 것이었습니다. 그들은 자신들이 또 다른 나라의 '시민'citizen이라고 믿었습니다. 자신들의 진정한 뿌리와 충성심은 그들이 실제로 거주하던 지상의 도시들과는 다른 지평에서 나왔고, 그 지평을 향한다고 생각했습니다.

로마 제국의 관점에서 이러한 어휘 체계를 곱씹어보면, 그리스도인들은 제국 바깥에서 일정한 지위를 가지고 있고 이에 기대어 자신들의 종교적 정체성을 규정하고 있다는 결론에 도달할 수밖에 없었습니다. 그리스도인들이 군 복무를 거부하고 공직 선출을 거부하자 이러한 혐의는 더 커졌습니다. 로마 제국은 신성한 힘과 정당성에 대한 그리스도인들의 배타적 주장을 제국의 종교 질서가 요구하는 합법적인 권력을 고의적이고 체계적으로 거부하는 행동으로 보았습니다. 자신이 '민회*'에 참가할 권리가 있는 '시민'이라고 주장하는 동시에 자신이 속한 가시적인 사회와 관련해서는 '거류 외국인'resident alien일 뿐이라고 주장하는 그리스도인들의 모습은 제국을 등지고 다른 낯선 세력과 연합하겠다는 진술로 이해될 수밖에 없었습니다. 그들이 특정 국가를 향해 충성을 서약하지 않았지만 말이지요. 초기 그리스도인들이 '교회'를 정의하는 언어는 자신만이 거룩하고 합법

장을 참조하십시오.

* 희랍어 '에클레시아'ἐκκλησία의 1차적 의미는 고대 희랍 도시국가 시민들의 민회다.

적인 권력의 궁극적 원천이라고 주장하는 체제에 도전하는 언어였습니다.

이를 염두에 둔다면 우리는 신약성서 시대 이후 첫 100년간 가장 많이 나온 그리스도교 관련 문헌들이 왜 순교 기록이었는지를 쉽게 이해할 수 있습니다. 제국 권력에 의해 재판받고 처형당한 그리스도인의 이야기는 '교회'의 의미와 신성한 힘, 그리고 다른 종류의 시민권을 주장할 때 어떠한 대가를 치러야 하는지 보여주는 가장 극적이면서도 직접적인 증거였습니다. 순교는 그리스도교가 정당성을 갖고 있음을 가리키는 증표이자 에클레시아라고 부르는 공동체의 헌장이었습니다. 순교는 하느님의 왕권과 율법을 가리키며 제국의 질서, 제국의 법을 따르는 것이 궁극적인 삶의 목적이 될 수 없음을 보여주었습니다.

이를 보여주는 사례는 무수히 많습니다. 그중 하나로 180년 누미디아의 스킬룸에서 일어난 순교 사건을 보도하는 2세기 아프리카 문헌을 살펴보도록 합시다. 별다른 수사적 꾸밈이 없는 이 문헌에서 우리는 그리스도교 공동체와 로마 제국 사이에 어떠한 지점에서 문제가 발생하는지를 뚜렷하게 엿볼 수 있습니다.[4] 등장하는 이름의 면면을 보면 순교한 그리스도인들은 대개 북아프리카 토착민들로 노예와 해방 노예가 뒤섞여 있었던 것으로 (그리고 몇몇은 세금을 냈던

---

[4] J. Stevenson, *A New Eusebius*, no.22.

것으로) 보이며 한두 명을 제외하고는 학식을 갖춘 사람들이 아니었던 것 같습니다. 그리스도교 신앙을 고백한 이유로 고발당한 사람들은, 처음에는 자신들이 평범한 시민으로 행동하며 세금을 내고 시민사회의 분란을 원하지 않을 뿐 아니라 황제의 안위를 위해 하느님께 기도한다고 변론합니다. 그러나 재판관은 그리스도인들이 황제의 신성에 종교적 예를 표하지 않는 한 참된 종교를 신봉하는 것이 아니라고 반박합니다. 이에 고발당한 이들은 예수의 말을 인용합니다.

> 카이사르의 것은 카이사르에게 돌리고,
>
> 하느님의 것은 하느님께 돌려라. (루가 20:25)

여기서 그들은 경배란 오직 왕 중의 왕이신 하느님께 돌리는 것이라며 황제를 향한 '세속적인' 존경respect과 하느님을 향한 충성loyalty을 구분합니다. 정무관은 다시 생각해 보라고 제안하지만, 그들은 마음을 바꾸지 않고 유죄 판결을 받은 뒤 하느님께 감사를 드리며 형장으로 향합니다.

감동적인 이야기입니다. 당혹스러울 정도로 순전한 순교자들의 모습에 독자들은 자연스럽게 마음을 움직이게 됩니다. 더 나아가 이 이야기는 어느 지점에서 제국과 거류 외국인의 모임, 제국 시민이 아닌 시민들의 '민회'가 가장 첨예하게 대립하는지를 분명하게 보여줍니다. 제국은 그들 거류 외국인들을 (종교적인 이유로) 고발했고 유죄 판결을 내렸고 처형했습니다. 그러나 판결의 정당성에는 의문의 여지가 있습니다. 그들은 황제 위에 또 다른 왕이 계시며 그렇기에 황제가 아닌 다른 왕에게 충성을 바칠 수밖에 없다고 말합니다. 이는 교회의 소극적인 권리 주장입니다. 생각을 이어가면 교회는 자신의 권리를 적극적으로 주장할 수도 있습니다. 즉 교회를 거룩한 힘이 머무는 장소로 여기는 것이지요. 이러한 적극적인 주장은 다른 문헌에서 분명하게 찾아볼 수 있습니다. 가장 극적으로 이를 드러내는 문헌은 156년경 일어난 스미르나의 주교 폴리카르푸스Polycarp의 순교록입니다.[5] 스킬룸의 순교록과 마찬가지로 폴리카르푸스의 순교록 또한 폴리카르푸스가 순교한 지 얼마 되지 않은 시기에 기록된 문헌이나 훨씬 더 정교하고 높은 문학적 완성도를 보여줍니다. 그리스도를 부인하라고 요구받자 폴리카르푸스는 답합니다.

여든여섯 해 동안 나는 그분을 섬겼습니다. 그분은 나에게 어떤 그릇된 행위도 하지 않으셨습니다. 그런데 내가 나를 구원하신 왕을 어떻게 모독할 수 있겠습니까?

---

[5] 최근의 연구로는 다음의 저작을 들 수 있습니다. Daniel Boyarin, *Dying for God : Martyrdom and the Making of Christianity and Judaism* (Stanford University Press, 1999), 특히 4장을 보십시오.

스킬룸의 순교자들과 마찬가지로 폴리카르푸스가 그리스도를 '나를 구원하신 왕'으로 정의하는 것은 자신이 서 있는 로마 법정의 재판할 권리 그 자체를 의문시하는 것이라 할 수 있습니다.

그러나 이 순교록에서 좀 더 주목해 볼 부분이 있습니다. 순교록에 따르면 폴리카르푸스는 산 채로 화형에 처하라는 판결을 받고 경기장의 화형대에 묶입니다. 그동안 그는 어떤 말을 되뇌며 기도를 드립니다. 이는 그가 성찬례를 집전하며 드렸던 기도를 연상시키고자 저자가 의도한 것이 틀림없습니다. 여기서 실제로 그가 그렇게 기도를 드렸는지 아닌지 아닌지는 그렇게 중요하지 않습니다(절대 그렇게 기도하지 않았다고 단정할 수는 없습니다). 안티오키아의 주교 이그나티우스Ignatius of Antioch는 반세기 전 로마 교회에 서신을 보내며 자신이 경기장에서 맹수의 이빨에 갈림으로써 마치 성찬례의 빵과 같은 존재가 될 것이라고 이야기를 나눈 바 있습니다.

> 저를 맹수의 먹이가 되게 놔두십시오. 그것을 통해서 제가 하느님을 만날 수 있습니다. 저는 하느님의 밀이니 맹수의 이빨에 갈려서 그리스도의 깨끗한 빵이 될 것입니다. … 맹수들을 유인하여 그들이 저의 무덤이 되게 하십시오. 또한 제가 죽었을 때 누구에게도 짐이 되지 않도록 맹수들이 제 몸의 어떤 부분도 남기는 일이 없게 해주십시오. 그리하여 세상이 저의 몸을 볼 수 없게 될 때 저는 참으로 예수 그리스

도의 제자가 될 것입니다.[6]

여기서 주목할 점은 폴리카르푸스나 그의 순교록을 기록한 사람, 혹은 두 사람 모두가 순교를 성사sacrament의 유비로 보았다는 것입니다. 순교와 성사 간의 이러한 유비는 화형대의 불이 타올랐을 때 폴리카르푸스의 몸이 마치 화덕의 빵과 같이 보였고, 달콤한 향기가 극장을 가득 채웠다는 기술에서 좀 더 분명하게 드러납니다. 저자에 따르면 순교자는 자신의 몸을 제물로 바쳐 거룩한 터가 되게 합니다. 마치 빵과 포도주가 성찬례를 통해 거룩한 현존의 장소, 주님이 임하는 자리가 되는 것처럼 말이지요. 로마의 도시, 또는 로마 제국이 지향하는 종교 질서에서 그리스도인을 추방하는 바로 그 순간, 그리스도인의 거룩함은 완성됩니다. 어떤 탁월함이나 선함이 아닌, 거룩하고 두려운 힘의 능동적 현존으로 이해되는 거룩함은 제국을 주변적인 것으로 만들어버립니다. 불길이 타오르고 폴리카르푸스가 감사 기도를 드릴 때 이 세상이 배척한 그의 몸은 수난을 통해 거룩한 장소로 변모합니다.

폴리카르푸스 순교록과 마찬가지로 다른 순교 이야기들에도 이렇게 거룩한 힘을 보고 만질 수 있는 것으로 묘사하는 부분이 종종 등장합니다. 어떤 순교 자리에서는 칼이 무디어집니다. 다른 곳에서

---

6   Ignatius of Antioch, 「로마인들에게」, iv. 『일곱 편지』(분도출판사)

는 맹수가 겁을 먹습니다. 사형 집행인들이 실수를 범하기도 하고, (폴리카르푸스의 경우) 순교자의 몸에서 흘러나오는 피가 화형장의 불을 끄기도 합니다. 그곳에서 순교자와 함께하시는 하느님은 순교자를 구하시지는 않는다고, 대신 이를 통해 다른 이들이 당신을 느끼게 하신다고 순교록 기자들은 암묵적으로 고백합니다. 오늘날 독자들은 그저 전설 같은 이야기로만 여길지도 모르겠습니다. 그러나 저자들의 근본 의도는 자신들이 체험한 경이를 강조하는 데 있습니다. 초기 그리스도교 문헌 중 순교 이야기가 다루고 강조한 부분들은 3세기 중엽에 이르기까지 교회가 자신을 정의할 때 중심 요소로 기능했습니다. 교회는 거류 외국인들의 에클레시아였으며 제국 체제 바깥에서 행동의 정당성을 찾고 그곳에 충성을 바치는, '시민 아닌 시민'들의 민회였습니다. 한 지역 교회에서 다른 지역 교회에 편지 형태로 전달되던 초창기 순교 기록들은 대개 다음과 같은 정식으로 시작됩니다.

> ○○ 지역에서 나그네로 살아가는 하느님의 에클레시아가 □□ 지역에서 나그네로 살아가는 하느님의 에클레시아에게

뒤따르는 이야기는 이 서두를 풀이한 것으로 읽을 수 있습니다.[7]

---

[7] Ignatius of Antioch, 「로마인들에게」, n. 3.

「디오그네투스에게 보내는 편지」Letter to Diognetus라는 이름의 2세기 문헌은 보다 평범한 문체로 그리스도인을 제국의 각 도시에 (또한 도처에, "세상의 모든 도시에 흩어져") 거주하는 외국인 집단으로 묘사합니다. 이에 따르면 그리스도인과 다른 이들을 구분하는 것은 어떤 복식服食이나 언어가 아니라 그들의 충성심과 고향 안팎 모든 장소에서 그들이 보이는 한결같은 태도입니다.

> 그리스도 신앙인이라고 해서 다른 사람들과 나라를 달리하는 것도, 언어를 달리하는 것도, 의복을 달리하는 것도 아닙니다. 그들은 그들만의 고유한 도시에 사는 것도 아니며, 어떤 특수한 언어를 쓰지도 않습니다. 그리스도 신앙인은 각자의 운명에 따라 그리스 혹은 다른 도시들에 흩어져 삽니다. 그들은 그들이 속하는 영적 세계의 특수하고 역설적인 법을 따라 살며, 의식주 생활 방식은 그들이 사는 지방의 관습을 온전히 따릅니다. 그들은 각자 자기 조국에 살면서도 마치 외국인과 같습니다. 시민으로서 모든 의무를 수행하지만, 외국인과 같이 모든 것을 참습니다. 이역을 그들의 조국처럼 생각하고 모든 조국이 그들에게는 이역과 같습니다. 여느 사람들처럼 그들도 결혼하여 아이를 가지지만, 아이를 버리지는 않습니다. 그들은 식탁은 모두 함께하지만, 잠자리를 함께하지는 않습니다. 그들은 육신을 지니고 있으나 육신을 따라 살지는 않습니다. 그들은 지상에 살고 있으나 하늘의 시

민입니다. 그들은 기존 법에 순종하고 그들의 생활 방식은 법을 정복하여 완전하게 해줍니다. 그들은 모든 사람을 사랑하지만, 모든 사람은 그들을 박해합니다. 그들은 무시당하고 단죄당하고 죽임을 당하지만, 그들은 그것으로 생명을 얻습니다. 그들은 가난하면서도 많은 사람을 부자로 만들어 주고, 가진 것이 아무것도 없지만 사실은 모든 것을 넘치게 가지고 있습니다. 그들은 경멸당하지만, 그 경멸 안에 영광을 봅니다. 그들은 중상을 당하지만, 그것으로 의인이 됩니다. 그들은 능욕을 받으면서도 축복하고 모욕을 당하면서도 존경합니다. 그들은 착한 일만 하는데도 큰 죄인들처럼 벌을 받고, 벌을 받으면서도 생명을 얻는 것같이 기뻐합니다.[8]

이 문헌에서 가장 주목해 볼 부분은 그리스도인의 이러한 태도가 하느님의 권능을 표현하기 위해 구체적인 행동으로 드러나야 한다고, 힘겹지만 구체적인 요건들을 충족해야 한다고 생각한다는 점입니다. 그리고 이는 2세기 그리스도교 문헌들에서 공통으로 발견되는 주제이기도 합니다. 그리스도인들은 다른 이들과는 다르게 행동해야 한다고, 난교와 (낙태를 비롯한) 영아살해, 사기와 폭력을 거부해야 한다고, 때로는 (가장 공적인 반문화적 증언으로) 하느님을 향한 헌신

---

[8] 「디오그네투스에게」 V, 그리고 J. Stevenson, *A New Eusebius*, no.36. 「디오그네투스에게」 (분도출판사)

의 차원에서 죽음도 감내해야 한다고 이 문헌들의 저자들은 말합니다. 지중해 지역의 고상한 시민들은 이러한 그리스도인들의 행동 중어떤 행동에는 경탄을 보냈지만 어떤 행동에는 어리둥절했습니다. 더 중요한 것은 에클레시아라는 구별된 정체성을 정의하는 데 그러한 행동이 지닌 역할입니다. 이는 2세기와 3세기 교회가 추구했던 규율과 순결함, 순전함에 대한 관심을 보여줍니다. 대다수 현대인은잘 이해하지 못하고 공감하기도 어렵겠지만 말이지요.

일부 프로테스탄트 교회사가들은 죄인들을 위한 대가 없는 은총과 사죄의 복음이 2세기 초 일종의 율법 체계로 퇴보했다고 실망감을 드러내곤 했습니다. 요컨대 세례 받은 그리스도인이 이후에 죄를저지르면 어떤 형식적 절차를 밟아야 용서를 받을 수 있고 특정 악행에는 어떤 보속을 부과해야 하는지 고민하는 등 형식을 중시하는제도로 변질되었다는 것이지요. 2세기 후반 어느 로마 주교가 세례받은 후 저지른 간음죄의 공식적인 보속 절차를 완화하려 하자 사람들은 거세게 반발했습니다. 이 과정에서 당대를 대표하던 로마의 신학자는 인신공격식으로ad hominem 논박하기도 했습니다.[9] 이러한 모습을 현대 그리스도인들은 '바리사이주의'Pharisaism로 규정하며 개탄할지도 모르겠습니다. 그러나 이런 식으로 보면 핵심을 놓치게 됩니

---

[9] 문제의 주교는 칼리스투스(갈리스토)Callistus이고 그를 비난한 이는 히폴리투스Hippolytus였습니다. Hippolytus, *Refutation of All the Heresies*, IX.12 참조. 최근의 연구로는 다음의 저작이 있습니다. A. Brent, *Hippolytus and the Roman Church in the Third Century* (Leiden, Brill, 1995)

다. 당시 그리스도인들에게 구체적인 행동, '세상 사람들'과 명확히 구별되는 행동은 하느님의 권능이 자신들과 함께함을 드러내는 표지였습니다. 적어도 4세기에 이르기까지 그리스도교 공동체가 구성원들에게 요구한 높은 수준의 금욕과 절제는 하느님께서 자신들을 얼마나 바꾸실 수 있는지를 보여주는 사례였습니다.[10] 간음이나 낙태와 같은 문제를 두고 교회가 사회와 타협을 해나가자 구별되는 행동을 뒷받침하는 신학 논리도 허물어지기 시작했습니다. 거룩한 처소라는 공동체의 영적 진정성이 도마 위에 오르게 되었습니다. 게다가 박해 시기 일어난 배교라는 타협은 공동체의 여러 구성원에게 지울 수 없는 상처를 남겼습니다. 그러한 상처를 통하여 하느님의 권능은 새어나갔습니다.

3세기와 4세기 초에 일어난 박해는 그리스도인들이 손쉽게 타협하도록 유혹하는 방식으로 이루어졌습니다. 이 시기 박해는 그리스도교 공동체를 박멸하기보다는 당혹스럽게 만들고 내부에서 혼란을 일으키기 위해 기획된 것이었기 때문입니다. 3세기 중반 데키우스Decius 황제의 주도로 일어난 박해* 때에는 박해를 피하려면 법정이

---

[10] 금욕에 대한 호소는 순교자 유스티누스가 남긴 다음 글을 참조하십시오. Justin Martyr, 『변론』Apology, xxix, 아테나고라스Athenagoras, *Plea on Behalf of the Christians*, xxxiii. 에 우세비우스는 「복음의 증거」Proof of the Gospel 1.8에서 금욕을 "본성을 초월하는" 것으로 설명합니다. 이 주제에 관한 전반적인 설명은 다음의 책이 잘 기술하고 있습니다. Peter Brown, *The Body and Society: Men, Women and Sexual Renunciation in Early Christianity* (London, Faber, 1989), 특히 2장과 3장.

* 249년 일어난 데키우스 황제의 박해는 전 제국 차원에서 일어난 최초의 그리스도교

요구하는 대로 희생제를 바치거나 분향했다는 증서가 필요했습니다. 이 증서들은 오늘날까지 남아 있는데 증서에는 이름과 날짜, 증인의 이름이 기록되어 있습니다.[11] 그렇기에 박해를 피하되 그리스도인으로서 양심을 지키고 싶다면 거짓으로 증서를 발급받으면 그만이었습니다. 박해가 서서히 완화되자 교회 지도층은 거짓으로 증서를 발급받은 이들을 배교자로 보아야 할지, 로마의 시민 의례에 실제로 참여한 이들을 다시 교회로 받아들여야 할지를 두고 어려운 결정을 내려야 했습니다.

오늘날 우리 눈에 이는 지나친 엄격주의처럼 보일 수 있습니다. 그러나 여기서 우리는 당시 그리스도인들에게 교회가 거룩함을 상실할 수 있다는 것이 얼마나 커다란 불안과 두려움을 일으켰을지 생각해 보아야 합니다. 스미르나 경기장에서 폴리카르푸스가 그랬듯 그리스도인의 몸은 오직 하느님의 신성에 휩싸여야 한다고 그들은 생각했습니다. 구성원들이 다른 사람과 관계를 맺고, 다른 대상에게 충성을 서약한다면 교회는 참된 의미에서 하늘나라 시민들의 민회, 다른 종류의 시민권을 거부하거나 상대화하는 거룩한 공동체일 수 없다고 그들은 믿었습니다. 이러한 맥락에서 당시 교회의 구성원들

박해로, 로마 주교 파비아누스, 예루살렘 주교 알렉산드로스, 안티오키아 주교 바빌라스 등이 이 박해에서 순교하였다. 251년 데키우스 황제가 전사하며 박해는 완화되었다.

[11] J. Stevenson, *A New Eusebius*, no.200.

이 박해 시기에 타협한 주교, 스스로 타협을 거부하더라도 다른 그리스도인에게 관대했던 주교를 보며 심각한 우려를 표했다는 것은 자연스러운 일이라 할 수 있습니다. 초기 그리스도교 공동체는 성사를 주재하는 주교를 중심으로 예배, 즉 성찬례의 거행에서 자신들이 하나라는 의식을 다졌습니다. 주교가 집전하는 성찬례에서 신자들의 공동체는 그리스도의 감사 기도를 통해 천사들과 함께 하늘나라의 성소로 들어갔고 그리스도의 영원한 생명이 담긴 신비한 음식을 받았으며 거룩한 삶과 행동의 터로 새롭게 빚어진 거룩한 몸으로 다시 태어났습니다. 결함이 있는 주교, 신실하지 못한 주교는 이 모든 것을 헛된 것으로 만들어버린다고 그들은 생각했습니다.

이러한 문제들은 4세기 이전 교회를 분열시키는 핵심적인 사안들이었습니다. 이 문제들은 모두 거류 외국인들의 성스러운 모임으로서 '교회'가 의미하는 바가 무엇인지와 연관되어 있습니다. 그리고 이를 통해 우리는 왜 당시 순교가 교회의 참됨, 진정성을 가늠하는 시금석이었는지를 헤아려 볼 수 있습니다. 당시 그리스도인들이 순교를 칭송했던 것, 그리고 몇몇 집단이 부패한 위계 구조에 대항하며 순교자들이야말로 교회의 적자嫡子라고 주장한 것은 (몇몇 문헌들에서 고문과 극한의 육체적 고통에 대한 과도한 관심의 흔적이 없지는 않으나) 순교라는 행위 자체에 광적으로 집착해서도 아니고 양심을 위해 죽는 것이 중요하다고 생각해서도 아닙니다. 그들에게 순교자는 그리스도인이란 또 다른 시민권을 가진 존재임을, 이를 입증하시는 하느님께서 이곳에서도 자신들과 함께하심을 보여주는 일종의 매개체였습니다.

그리스도인의 몸이 하느님의 힘을 드러내는 터라는 신념을 무시한다면 우리는 결코 초대교회를 이해할 수 없습니다. 그리고 이는 왜 점차 처녀성, 혹은 동정童貞에 대해 그리스도인들이 관심을 두게 되었는지 이해할 수 있게 해줍니다. 순교의 시대가 끝나자 (그전에도 이러한 분위기가 있었지만) 동정의 몸은 순교자의 몸에 대한 새로운 유비로 자리 잡았습니다. 당시 그리스도인들은 동정의 몸을 하느님께서 취하시고 다른 인간이 더럽히지 않은, 따라서 하느님의 권능을 온전히 매개할 수 있는 통로로 여겼습니다. 현대인들이 흔히 그러하듯 이를 단순히 성적 행위에 대한 부정적인 태도로만 읽는다면, 종교적인 차원에서 이루어지는 국가 권력을 끊임없이 거부하고 거리를 두려 하는 행동과 그리스도인으로서 정체성을 확립하는 일 사이의 상호 관계를 놓치게 됩니다.[12] 이러한 문제의식 아래 당시 교회는 순교에 대한 회피를 정당화하는 그리스도교 신학 또는 유사 그리스도교 신학, 결혼과 몸의 가치를 부정하거나 그 반대로 육체적 황홀경을 거룩함과 연결함으로써 동정의 신학을 대체하려고 한 그리스

---

[12] Peter Brown, *The Body and Society*, 7장과 8장. 그리고 Daniel Boyarin, *Dying for God*, 3장 특히 74~80, 86~92를 참조하기 바랍니다.

도교 신학 또는 유사 그리스도교 신학을 가증스러운 것으로 여겼습니다. 구원하는 지식이라는 의미를 지닌 '영지靈知gnosis라는 일련의 이론 체계는 이 모든 '가증스러운 것'들을 포괄했습니다. 이후 주류 그리스도교 신학이 이를 강력하게 거부한 것은 자연스러운 일이었습니다.

초대교회에서 일어난 교리 논쟁은 위와 같은 사항들을 모체로 하고 있습니다. 다시 한번 말하지만 이러한 논쟁을 오직 언어의 엄밀함에 대한 관심이나 지적인 차원에서 비롯된 것이라고 가정하면 안됩니다. 4세기와 5세기에 일어난 그리스도론 논쟁은 거룩한 말씀이 통치하는 하느님 도성의 시민이 된다는 것이 무엇을 의미하는지를 두고 일어난 논쟁이었습니다. 이를 통해 당시 신학자들은 인간 삶의 궁극적 정당성과 일관성이 그리스도에게 달려있으며 인간의 역사가 그리스도에게로 수렴한다는 주장이 어떠한 것인지를 두고 논쟁을 벌였습니다. 이러한 맥락에서 교리는 우리가 지금까지 살핀 '거류 외국인'으로서 그리스도인이 자신의 '시민권'을 구체적으로 어떻게 행사하느냐는 문제와 밀접하게 연결되어 있습니다.

II

앞서 '영지'라는 체계에 관해 잠시 언급하였습니다. 영지의 성격은 매우 다양하므로 이를 한데 모아 '영지주의'gnosticism라고 부르는 것은 적절치 않습니다. 그러나 분명 영지와 관련된 문헌들을 살피면 꾸준히 등장하는 한두 가지 주제가 있습니다. 하나는 (앞서 1장에서 언급한 바 있는) 계시를 기준으로 역사를 둘로 나누는 것입니다. 영지를 믿는 이들은 그리스도가 오기 전 이 세상은 어둠과 기만의 세상이라고 생각했습니다. 그들에 따르면 히브리 성서에 나오는 창조 이래 세상은 거짓과 무지로 가득 차 있으며 사악한 힘에 조종당하고 있었습니다. 그러나 하느님의 은총으로 예수를 통해 참된 앎이 우리에게 주어졌으며 이 앎을 통해 우리는 그때까지 우리를 가로막거나 혼란에 빠뜨린 것이 무엇인지를 파악할 수 있게 된다고 영지를 믿는 이들은 주장했습니다.[13]

이러한 영지 이야기들에는 의심의 여지 없이 그리스도교 담론을 이루는 중요 요소들이 담겨 있습니다. 그들은 예수를 둘러싸고 일어난 사건들이 인간의 지각을 완전히 바꾸었으며 하느님께서 어떻게 활동하시는지를 다룬 이야기의 형태 또한 바꾸었다고 생각했습니다. 영지에 따르면 휴거rupture는 이미 이루어졌습니다. 세계에 관한 진리의 뒤집힌 모습으로 과거를 보지 않는 한 과거와 현재의 연결점이란 찾아볼 수 없습니다. 그러나 역사의 불연속성이라는 문제는 그렇게 쉽게 종결될 수 있는 것이 아닙니다. 그리스도의 오심, 죽음, 부활은 분명 이 세상에 커다란 단절을 가져왔습니다. 이는 그리스도

---

[13] Daniel Boyarin, *Dying for God*, 1장 n. 8을 보십시오.

인이 이 세상에 체류하는 '외국인'으로서 또 다른 '시민권'을 갖고 있다는 확신의 바탕을 이룹니다. 주류 그리스도인들과 영지를 믿는 이들은 한목소리로 자신들이 다른 이들과는 다른 '종족'이라고 말했습니다. 어떤 영지를 믿는 이들은 자신들을 '왕 없는 종족'kingless race으로 묘사하기도 했습니다.[14]

그리스도인들은 점차 사회의 주류가 되자 이 세상의 파편들을 어떻게 수습해야 할지 고민하기 시작했습니다. 그들은 세계에 대한 하나의 이야기와 하나의 체계, 하나의 역사를 재건하고자 했습니다. 이에 따라 그들은 창조주 하느님과 구원자 하느님을 분리하려는 모든 기획을 반대했습니다. 이와 같은 맥락에서 예수의 신성과 인성을 나누는 신학도 거부했습니다.[15] 그들이 보기에 예수의 활동과 위격에 관해 말하는 것은 사회적 실체로서 교회의 본질에 관해 말하는 것과 연결되어 있었습니다. 본질적으로 다른 도성(하느님의 도성)의 법을 따라야 하는 외국인의 모임이 아니라면 교회는 사실상 그 의미를 잃어버리게 된다고 그들은 생각했습니다. 그리스도는 분명 주님이며 만물의 지배자이자, 거룩한 힘을 저곳에서 이곳으로 실어 나르는 이여야 했습니다. 그리스도인들은 거룩한 터에서 그분을 인격체로 경험할 수 있어야 한다고 여겼습니다. 그렇게 예수의 활동과 위

---

[14] 나그함마디 문서에 있는 몇 가지 사례는 *The Nag Hammadi Library* (Leiden, Brill, 1977), 159, 213을 참조하십시오.

[15] Daniel Boyarin, *Dying for God*, 1장 n. 7을 참조하십시오.

격에 관한 언급과 사회적 실체로서의 교회의 본질에 관한 언급은 서로 연결되어 있었습니다. 교회는 다른 세력들과 마주해야 합니다. 교회는 온갖 문제들로 뒤엉켜 있고 역사가 있는 세상을 살아가기 때문입니다. 하지만 바로 그렇기 때문에 교회는 이 세상에 머물러야 합니다. 하느님께서는 교회를 통해 당신의 주권을 드러내시기 때문입니다. 마찬가지로 그리스도는 반드시 인간의 처지를 함께 나누어야 하며 실제로 고통을 겪어야 한다고 초기 그리스도인들은 생각했습니다. 이를 조금이라도 약화시키는 순간 조심스럽게 균형을 이루고 있는 믿음의 체계, 폴리카르푸스의 순교와 승리의 근거는 사라지게 된다고 그들은 보았습니다.

인류가 예수와 어떠한 식으로 연결되어 있고 어떻게 이를 통해 거룩함에 이를 수 있느냐는 문제는 당시 그리스도인들이 제기한 질문 중 가장 실천적인 문제였습니다. 예수의 신성과 인성에 관한 논의들은 바로 이 문제와 연결되어 있습니다. 초대 그리스도교 교리 논쟁은 순수한 교리와 완전한 개념을 향해 나아가는 데 그 목적이 있지 않습니다. 교회들은 구성원들의 다양한 우려와 고민을 가장 안정적이고 현실적인 방식으로, 예배와 공동체의 구체적 실천을 통해 균형을 맞추는 방식으로 교리를 구축하고자 했습니다. 4세기 무렵에 활동한 그리스도교 저술가와 신학자들은 하느님이 어떤 분인지를 장황하게 기술해 이를 교리로 삼으려는 시도는 별다른 쓸모가 없다는 것을, 오히려 하느님의 모습을 가릴 수 있다는 점을 누구보다 잘 알고 있었습니다. 그들은 하느님에 관해 말하는 언어를 자신들이 드리는 예배와 일치하게 벼리는 것, 인간을 거룩하게 만드는 것이 무엇인지를 이야기할 수 있는 언어를 구축하는 것이야말로 자신들이 진정으로 해야 할 일이라고 생각했습니다. 이러한 논의들 속에서 사람들이 성서가 차지하는 위치에 대해 의문을 갖게 되자, 교회는 성서가 예배 행위의 중심이자 거룩함의 기준을 제공한다는 사실을 강조하면서도 동시에 기능적인 참고문헌의 수준에만 단순히 머무르지 않음을 밝혀야 했습니다.[16]

교리가 발전하는 과정의 역사는 교회가 봉착했던 문제들과 관련해 폐기된 해결책들을 모아 놓은 기록이라 할 수 있습니다. 교회가 마주한 문제와 관련해 설득력 있어 보이는 이론이 제시되고 이를 통해 논의는 점점 더 깊어집니다. 그리고 어떤 지점에서 새로운 결론에 이르고 이전에 제시되었던 해결책은 폐기됩니다. 그리고 이를 담아내기 위해 언어는 좀 더 명확해지고 한편으로는 좀 더 복잡해집니다. 이러한 유산은 결국 다음에 이어질 논의가 더 깊어질 것임을, 더 어려워질 것임을 알려줍니다. 4세기와 5세기에 나온 신학 이론들,

---

[16] 초대 그리스도교 성서 해석에 관한 방대한 연구들 가운데 특히 다음의 저작들이 많은 도움을 줍니다. Frances Young, *The Art of Performance. Towards a Theology of Holy Scripture* (London, Darton, Longman and Todd, 1990), *Biblical Exegesis and the Formation of Christian Culture* (Cambridge University Press, 1997)

교리 정식은 다양한 언어 실험들로 채워져 있습니다. 이들은 위태롭게 균형을 이루며 일련의 경고와 처방을 제시합니다. 이들이 경고한 경계 안에서 공동체의 구성원들은 그리스도교가 본래 붙잡으려 하는 진리와 마주하게 됩니다. 그러므로 이를 쓸데없이 정교한 철학 명제라고 비판하는 것은 교리 언어의 목적과 의의를 완전히 간과하는 것이라 할 수 있습니다. 다양한 신학 용어들이 의미를 갖게 된 것은 어떤 가상의, 상상된 철학 흐름 위에 있기 때문이 아니라 논쟁의 과정을 통해서였습니다. 교리 논쟁은 결코 쓸데없는, 사람들의 힘만 낭비하는 일이 아니었습니다. 4, 5세기 무렵 신학자들은 이를 통해 하느님의 계시에 관해 말할 때 어느 지점에서 위험과 불일치가 발생하는지 흔적을 남기고자 했습니다.

앞에서 종종 이야기했듯 초기 그리스도교 저술가들은 (당시) 교회의 근본적인 관심사를 도외시한 이론, 상대적으로 덜 중요한 문제를 지나치게 이론적으로 정교화하는 것에 반대했습니다. 그러한 면에서 1세기와 2세기 그리스도교 신학 사조들, 사람들에게 인기를 끈 신학들이 예수의 인성보다는 신성을 강조했다는 점은 그리 놀라운 일은 아닙니다. 그러나 이러한 이론들은 결과적으로 예수의 인간으로서의 측면과 그 중요성을 간과하게 했습니다. 당시 그리스도인들은 신성한 힘이 살아 움직이지 않고 온갖 고통으로 가득 찬 이 세상 가운데에서 그 힘을 유지하지 못한다면 무언가 본질적으로 잘못된 것이라고 여겼습니다. 그래서 많은 이는 예수가 어떤 위대한 천사의 힘을 지상에서 구현했다고 보는 이론을 선호했습니다. 이 이론은 희랍인들과 유대인들이 믿는 우주론에도 잘 들어맞았습니다. 그러나 이 이론은 예수가 지닌 힘이 진실로 '하느님의 권능'이냐는 질문을 남깁니다.[17] 그러나 (현대인에게는 신기하게도) 어떤 사람도 예수를 위대한 성인으로, 그가 이룬 업적을 근거로 그를 마치 신의 경지에 이른 인간으로 올리는 신학을 주장하지 않았습니다. 심지어 사도행전이나 히브리인들에게 보낸 편지에서처럼 상승이나 격상의 뉘앙스를 지닌 언어를 쓴 곳에서도 예수는 처음부터 하느님의 권능을 지닌 것으로 나오며 이 하느님의 권능은 모든 인간의 덕행에 대한 보상에 앞선 것으로 묘사되고 있습니다.

이와 관련해 오늘날까지 가장 신중하고도 정교한 이론은 4세기 초엽 알렉산드리아의 사제 아리우스가 전개한 이론입니다. 그의 신학 이론은 전례 언어와 용어에 대한 주도면밀한 분석에서 나왔으며 오늘날까지 가장 격렬한 반응을 불러일으키고 있습니다.[18]

아리우스의 이론은 '하느님'이라는 말의 의미를 바꾸지 않고도 예수의 신성, 거룩함이라는 문제를 해결하기 위해 만든 이론 중 가장

[17] A. F. Segal, *Two Powers in Heaven: Early Rabbinic Reports about Christianity and Gnosticism* (Leiden, Brill, 1978) 및 William Horbury, *Jewish Messianism and the Cult of Christ* (London, SCM, 1998) 참조.

[18] 종합적인 연구로는 R. P. C. Hanson, *The Search for the Christian Doctrine of God: The Arian Controversy 318~381* (Edinburgh, T. & T. Clark, 1988), 특히 1, 3, 4장 참조. 또한 Rowan Williams, *Arius: Heresy and Tradition* (London, SCM, 2001) 참조.

탁월한 이론이라 할 수 있습니다. 아리우스는 예수가 구현하는 하느님의 영원한 말씀을 영광과 권능을 지닌 하느님의 첫 번째 수혜자이자 하느님을 향한 첫 번째 예배자로 제시합니다. 그에 따르면 이러한 하느님의 말씀은 하느님의 진리, 창조주 하느님과 피조물의 관계를 이 세상에 드러냅니다. 4세기 교리 논쟁은 아리우스의 이러한 주장이 간과하고 놓치고 있는 부분을 드러내고 분명히 하려는 길고도 고된 신학 활동이라 할 수 있습니다. 그 결과 그리스도교 세계는 신조, 신경이 설명하는 하느님과 예수의 하나 됨이 무엇인지 다시 정의하게 되었습니다. 여기서 그 세부 사항을 논하지는 않겠습니다만, 이 장 앞부분에서 다루었던 점을 상기해본다면 아리우스의 해결책이 반발을 낳은 이유는 그의 이론이 하느님과 말씀 사이에 무한한 심연을 만들었기 때문입니다. 아리우스의 이론에 따르면 말씀은 세계 '안에' 있는 실재로 머물러 있습니다. 이에 다른 이들은 의문을 제기했습니다. 말씀이 이 세계 안에만 있다면 어떻게 이 세상의 시민권과는 완전히 다른 시민권의 기초가 될 수 있겠느냐고 말이지요. 앞서 카이사리아의 에우세비우스는 처음에 아리우스의 견해를 조심스럽게 지지했다는 사실을 언급하였습니다. 그의 신학은 권능이 하느님에게서 말씀으로, 말씀에서 다시 그리스도인 황제에게 부어지는 위계질서를 바탕에 깔고 있었기 때문입니다. 황제 또한 아리우스의 입장을 지지했습니다. 그 결과 아리우스의 반대자들은 황제와도 맞서게 되었습니다. 그들에게는 다행히도 말씀에 기대어 황제와도 맞서게 할 수 있는 신학이 있었습니다. 그들은 폴리카르푸스의 시험이라 부를만한 신학에 기대어 피조 세계의 구조들 안에서 이 세계와는 철저하게 다른 그리스도를 드러내는 것이 가능하다는 이론을 제시함으로써 아리우스와 그 지지자들을 위험에 빠뜨렸습니다. 이러한 맥락에서 일찍부터 무의식적으로 순교자 신학, 동정 신학의 전통 위에 서 있었던 수도 공동체들이 아리우스 반대파들의 견해를 잘 대변한 것은 결코 우연이 아닙니다.

당시 그리스도교 신학의 주요 과제는 순교자의 증언을 정당화하는 것이었습니다. 또한 신학은 그리스도교의 복음이 드러내고 약속한 것이 이 세상의 변화이며, 인간성을 로고스λόγος 즉 본래 질서order 또는 이치에 부합하게 그 고유한 자리를 세계 안에 회복하는 활동이라는 것을 정당화해야 했습니다. 그들은 이러한 작업을 그리스도교 이야기의 핵심을 깨뜨리지 않는 선 안에서 수행하도록 주의를 기울여야 했습니다. 이렇게 4세기와 5세기 신학적 관심의 초점은 복음서와 유대교 역사의 연속성과 차이에 관심을 기울였던 이전 세기보다 지적으로 좀 더 까다로운, 예수 안에서 신성과 인성이 어떠한 관계를 맺고 있느냐는 문제로 넘어갔습니다. 3세기 이후 정통을 따르지 않는 교사들이 끊임없이 등장했습니다. 교회는 그들이 두 명의 그리스도를 믿는다고, 즉 몇몇 영지 저술가들이 그랬듯 예수 안에서 활동하는 신성과 예수에게서 발견되는 뚜렷한 인간적 특성을 분리한 다고 고발했습니다. 곧 '위로부터 온' 그리스도와 '아래로부터 온' 그리스도를 말한다고 비판한 것입니다. 다시 한번, 교회가 이를 문제 삼은 이유는 이 문제와 교회의 실천이 직접적인 연관을 맺고 있었기 때문입니다. 예수 안에서 신성과 인성의 관계를 어떻게 정립하느냐에 따라 성찬례 때 축성된 빵과 포도주에 하느님이, 그분의 권능이 임한다는 믿음에 영향을 미칠 수 있다고 그들은 생각했습니다. 나아가 이는 성찬례 자체에 관한 이해에 영향을 미칠 수 있는 것이었습니다. 예수의 인성을 신성과 분리하는 순간 성찬례는 (몇몇 저술가들이 주장하듯) 단순한 기념 의례나 애찬 이상의 의미를 지닐 수 없게 됩니다.

451년 칼케돈 공의회는 이러한 문제들에 대해 초기 그리스도교 교리 중 가장 정교한 정식을 내놓았습니다. 우선 공의회는 영원하신 말씀이 성부 하느님과 동일한 의미에서 하느님이라고 고백했습니다. 이는 325년 니케아 공의회에서 결정된 것을 반복하는 것이었습니다. 다만 여기에 더해 칼케돈 공의회는 예수 안에서 영원한 말씀이 인간 한 사람 한 사람의 삶에 생명을 불어넣고 이를 정의하는 원리가 된다고 고백했습니다. 인간의 삶, 인간의 현실은 생명을 지닌 말씀의 활동과 단 한 순간도 분리될 수 없기 때문입니다. 이 모두는 하나의 휘포스타시스*ὑπόστασις*와 연관되어 있습니다. 이는 단 하나의 활동하는 원리로 삼위일체 하느님의 삶을 통해 영원히 실재하며 예수의 탄생과 더불어 이 세계에 현실화했습니다. 그러나 이는 말씀이 하느님보다 열등한 것으로 바뀐다는 의미가 아니며, 인간 예수가 인간과 다른 어떤 존재로 변한다는 의미도 아닙니다. 작은 실재는 더 큰 실재에 의해 활성화되고 변모하지만 그 본질에서는 변함이 없습니다.[19]

공의회에서 정식이 나오자 또 다른 일련의 문제들(인간으로서 예수가 지닌 자유의 성격이 무엇이냐는 물음, 예수가 완전한 인간이라면 타락한 인간의 타락한 물질성까지 공유한 것이냐는 물음 등)이 제기되었습니다. 이러한 문제를 어떻게 돌파했는지를 파악하는 데는 눈을 돌려 당시 그리스도인들의 기도 생활과 수도 생활을 살펴보는 것이 도움이 됩니다. 4세기와 5세기 초 수도 문헌들은 도덕적인 삶을 통해 피조 세계의 본래 질서와 이치를 깨닫고, 나아가 모든 개념과 정의를 넘어서는 하느님에게 자신을 열어가는 관상적 상승의 흐름을 발전시켰습니다. 그들은 이것이 바로 참된 신학true theologia이라고 주장했습니다.[20] 달리 말하면 기도하는 이는 혼란스러운 세계를 마주한 가운데

---

[19] 몇몇 핵심적인 내용은 알렉산드리아의 키릴루스Cyril of Alexandria의 편지에서 찾을 수 있습니다. Cyril of Alexandria, *Select Letters* (Oxford, Clarendon Press, 1983). 특히 들어가는 말 (xxxi~xxxv)은 이 문제에 관한 빼어난 개관을 제공합니다.

[20] '신학'theologia이라는 용어를 통해 예배와 관조로 얻는 하느님에 관한 직접적 지식을 설명하는 것은 오리게네스까지 거슬러 올라갑니다. 에우세비우스도 이 표현을 사용하나 가장 분명한 표현은 4세기 말 폰투스의 에바그리우스Evagrius of Pontus가 제시했습니다. 「기도」On Prayer에서 그가 쓴 표현("신학자는 진리 안에서 기도하는 이다. 진리 안에서 기

행동의 차원과 이해의 차원을 아우르며 질서를 회복하고, 하느님의 질서에 순종할 때 발생하는 효과를 눈에 보이는 형태로 빚어냅니다. 기도하는 이는 자신이 경험하는 세계를 파편화하지 않고 오히려 통합하는 방식으로 그리스도교 신앙의 정당성을 입증합니다. 이러한 과정의 절정에서 인간은 하느님과 자신의 절대적 차이를 받아들입니다. 이러한 맥락에서 거룩함이란 하느님의 질서를 따르는 삶을 살아가면서 동시에 세상이 그러한 질서를 담기 어렵기에 이로부터 벗어나야 함을 깨닫게 되는 것입니다. 이렇게 해서 그리스도인은 관상을 지향하는 기도 생활을 통해 그리스도의 인성과 신성의 관계를 현실에서 구현해냅니다. 성숙한 관상적 삶은 (어떤 철학자가 말했듯) 하느님의 질서를 이 땅에서 구현합니다. 이 하느님의 질서는 합리적 이성으로는 가늠할 수 없습니다. 오직 사랑할 때, 분석하려는 충동, 상상을 발휘하려는 충동으로부터 멀어져 멈추고 침묵할 때 하느님의 질서는 현실에서 퍼져나갑니다. 그리스도와 마찬가지로, 인간의 삶이 무한한 근원인 하느님과 사랑을 나누는 관계에 머물 때 하느님께서는 그의 삶을 변화시키십니다. 그리스도를 통해, 그리스도와 함께, 그리스도 안에서 그리스도인은 변치 않는 세계의 본래 질서와 당신을 내어주시는 하느님의 완전한 자유와 신비를 이 세상에 드러

도하는 이는 신학자다")은 널리 알려져 있습니다. G. E. H. Palmer, *Philip Sherrard and Kallistos Ware* (ed. and trs.), *The Philokalia*, vol. I (London, Faber, 1979), 62. 또한 다음의 논의를 참조하기 바랍니다. *Diadochos of Photike*, 275ff.

냅니다.

이는 경기장에 선 폴리카르푸스의 증언과는 다소 차이가 있습니다. 그러나 둘은 모두 동일한 물음에서 나왔습니다. '인간 세상 곳곳에서 펼쳐지는 특정 질서를 정당화하려는 모든 노력, 모든 권위에 개인 혹은 공동체가 이의를 제기할 수 있게 하는 것은 무엇인가?', '저 신성한 힘이 특정한 개인과 공동체에 깃든다는 주장은 어떠한 의미를 갖는가?' 겉보기에 난해한 성부 하느님과 성자 그리스도의 관계에 관한 세부 교리, 또는 예수 안에서 신성과 인성의 관계에 관한 교리들은 모두 이 세상 질서와 다른 거류 외국인의 모임으로, 참된 질서를 가리키는 균열과 조화의 징표로 그리스도교 에클레시아를 확립하는 과정에서 나왔습니다. 앞서 언급한 수도 문헌에서 이야기하는, 좀 더 추상적으로 보이는 거룩함에 관한 주장들도 마찬가지입니다. 그리고 모든 곳에서 성찬례의 중요성을 강조한다는 점은 에클레시아가 성찬례를 통해 자신의 정체성, 자신의 시민권을 가장 선명하게 드러낸다는 것을 알려줍니다.

이러한 관점으로 초대교회사에 접근하면 '초대교회'early church를 구성하는 다양한 사회적 현상에 통일성을 부여하기 위해 지속해서 사람들이 관심을 기울였던 것이 무엇인지, 알래스데어 매킨타이어 Alasdair MacIntyre*의 표현을 빌리자면, '갈등의 지속', 다시 말해 당대 사람들로 하여금 지속하여 갈등을 일으키게 만든 문제 및 주제가 무엇이었는지를 이해하게 합니다. 교리를 당대 사회라는 맥락에서 이해해야 한다는 점에는 논쟁의 여지가 없습니다. 그러나 그렇다고 해서 교리가 당대 사회에 완전히 종속되는 것은 아닙니다. 어떤 이들은 교리를 인간을 억압하는 사회 권력 구조를 감추기 위해 특정 이념을 전파하는 이야기로 여깁니다. 물론, 특히 4세기 기록들에 승자의 입장을 정당화하기 위한 이데올로기적 요소가 담겨 있음을 간과한다면 이는 어리석은 일일 것입니다. 이러한 작업은 '정통파'만 한 것이 아닙니다. 니케아 신경을 거부하는 측에서도 자신들의 구미에 맞게 과거를 재단하곤 했습니다.[21] 그러나 우리가 좀 더 관심을 기울여야 하는 것은 전체 역사가 기대고 있는 (일련의 사회적 사실들과 관계들로 이루어진) 기초 틀입니다. 초대교회의 역사의 경우, 기초 틀이 되는 것은 '외국 시민권'을 내세우며 제국의 도시 혹은 제국 자체에 동화되기를 거부했던 교회 그 자체라고 할 수 있습니다. 교회, 즉 에클레시아라는 말은 초창기 그리스도인들이 언젠가 맞닥뜨릴 수밖에 없는 여러 사건을 빚어냈습니다. 박해가 종료되고 교회와 제국의 관계

---

[21] 5세기 초의 저술가 필로스토르기우스Philostorgius의 글은 비非 니케아 진영의 대표하는 자료입니다. 이 문헌에 관한 포티우스Photius의 요약은 영어로 번역된 것이 있습니다.

* 알래스데어 매킨타이어(1929-)는 영국 출신의 로마 가톨릭 철학자이자 덕윤리학자다. 글래스고에서 태어나 런던 대학교와 맨체스터 대학교, 옥스퍼드 대학교에서 공부했다. 1951년부터 맨체스터 대학교와 리즈 대학교, 에식스 대학교, 옥스퍼드 대학교 등지에서 가르쳤으며, 1969년 미국으로 이주, 보스턴 대학교와 밴더빌트 대학교, 노터데임 대학교, 예일 대학교, 듀크 대학교 등에서 가르쳤다. 미국철학학회 회장을 지냈다. 토마스 아퀴나스의 도덕 철학 및 신학에도 관심이 있어 몇 권의 책을 썼다. 한국어로는 대표 저서인 『덕의 상실』(문예출판사)이 소개된 바 있다.

가 커다란 변화를 겪은 이후에도 교회는 교리 논쟁을 이끌고 또 형성하는 주제였습니다. 1장에서 언급한 에우세비우스를 비롯해 몇몇 이들의 탁월한 시도에도 불구하고 박해의 종료와 함께 역사가 종말에 이르렀다고 결론을 내려서는 안 된다는 것이 입증되었습니다. 그러나 그렇다고 해서 영적 권위에 관한 질문, 교회가 구현하고자 하는 계시 된 선물의 특별함에 관한 질문이 사그라들지는 않았습니다. 이는 지상 권력이 점차 교회에 온갖 유혹의 손길을 내밀었던 때에도 마찬가지였습니다.

실제로 교회는 자주 이러한 유혹에 굴복했습니다. 그럼에도 불구하고 놀라운 점은 폴리카르푸스와 같은 이들의 증언을 이해하려는 교회의 노력이 지금까지 살펴본 것처럼 다양하게 그 형태를 바꾸면서도 유지되었다는 것입니다. 교회는 교리를 정립했지만 여기에는 언제나 새롭게 변할 여지가 남아 있습니다. 그리고 정착된 교리 언어는 갱신의 순간에 교회의 독특함을 하느님의 활동에서 찾을 것을 요구합니다. 이어지는 장에서는 이러한 모습이 오랜 시간 뒤에 어떠한 결과를 낳는지를 살펴보도록 하겠습니다. 중요한 점은 교회가 교회 자신에게 정치적 삶이 변화할 때 어떻게 이와 관계 맺어야 할지 물었고, 이를 확정되지 않은 의제로 남겨 두었다는 사실입니다. 다시 말해 교회는 역사를 돌아보아야 할, 역사에 관해 생각해야 할 이유를 만들고 또 남겨 두었습니다.

누군가는 그리스도교 역사 첫 200년 동안 교회가 보인 순전함, 순결함에 대한 과도한 집착, 그리고 이와 연결된 올바른 교리에 대한 집착이 역사의 변화와 우여곡절에서 벗어나기를 열망하는 교회의 모습을 드러낸다고 생각할지도 모르겠습니다. 언제나 그렇듯 이러한 회의주의적 접근을 간단히 무시할 수 있는 것은 아닙니다. 앞에서 저는 교회 연대기 작가들과 변증가들이 교회가 언제나 한결같았다는, 연속성과 동일성을 강조하는 경향에 얼마나 쉽게 이끌리는지를 이야기한 바 있습니다. 그러나 교회의 특수성과 정당성에 대한 물음에서 나온 의제는 끊임없이 규율과 교리 모두를 재고하고 명료화했습니다. 이러한 의제는 교회에게 계속하여 새롭게 생각해야 할 과제를 부여했습니다. 변화하는 현실 가운데 연속성과 일관성을 보여주어야 하는 의무는 교회가 과거를 끊임없이 다시 돌아보고 다시금 역사를 새롭게 이야기하게 했습니다. 그리스도인으로서 우리는 시대의 변화와 무관하게 늘 옳은 것이 무엇인지 진지하게 고민해 보아야 합니다. 그러나 이를 이유로 삼아 지적 능력과 창의성을 발휘해 역사를 돌아보고, 재구성하고, 만들어내는 활동의 중요성을 과소평가해서는 안 됩니다.

2세기 무렵 교회에서 허용할 수 있는 행동의 범위를 정하기 위해 시작된 논쟁이 4세기 무렵 우주론에 관한 새로운 문제를 일으켰다는 사실을 우리는 되새겨 볼 필요가 있습니다. 그리스도인으로서 순전한 삶, 진정성 있는 삶, 올바른 삶을 살아야 한다는 초기의 관심은 사라지지 않았고 보다 정교한 신학 작업으로 이어졌습니다. 냉소적인 이라면 이러한 신학 작업은 신자 수가 급격히 증가하자 교회가 이에 대응하는 차원에서 통제력을 강화하기 위한 시도였다고 생각할 것입니다. 그러나 역사는 꼭 이러한 생각을 지지하지는 않습니다. 아우구스티누스는 북아프리카의 엄격주의자들, 주교의 비행은 그의 집전한 모든 성사를 무효화하고 그가 상통하거나 그가 서품한 모든 이를 오염시킨 것이라고 주장한 도나투스파에 맞섰습니다. 그는 교회의 순결함이나 정당성이 오직 흠결 없는 율법적 행위에만 의존한다는 도나투스파의 주장에 강력히 반대했습니다.[22] 그리고 그는 죄에 대한 지속적인 거부가 아니라, 죄를 끊임없이 깨달음으로써 이루어지는 용서를 구하는 기도가 교회를 교회 되게 만들고 신학적 정체성을 부여한다는 입장을 견지했습니다.

아우구스티누스의 반대파들은 변절한 주교가 자신이 이끈 모든 교회 생활을 무효화했다고 주장했습니다. 이러한 견해는 분명 초기 교회의 규율에 뿌리를 두고 있습니다. 이에 아우구스티누스는 (널리 알려진 바대로) 그리스도인들이 주님의 명령을 따라 가장 자주 드린 기도에는 자신들의 잘못을 용서해달라는 청원이 있다는 점을 지

---

[22]   도나투스파에 대한 비판과 관련해 아우구스티누스의 가장 중요한 저작은 「세례」On Baptism과 편지 185입니다. 단순한 외적 복종과 그에 따른 효력을 넘어서는 무언가를 다루는 이야기는 편지 93에 드러나 있습니다.

적했습니다. 그는 우리의 완벽주의와 예수의 현실주의 중 어느 길을 택해야 하느냐고 반문했습니다. 그가 보기에 교회 생활을 통한 성장이란 공동체 생활과 성사의 집전을 통해 이루어지는 성령의 선물, 즉 하느님의 사랑caritas 안에서의 성장을 뜻했습니다.[23] 그렇기에 아우구스티누스는 개인의 도덕적 성취나 선한 행동에 비추어 성장을 바라본다면 이는 오히려 교만으로 향하는 문을 열어젖힐 뿐, 그리스도가 들어오게 하는 유일한 조건인 겸손의 문을 걸어 잠그게 된다고 경고했습니다. 그리고 하느님의 거룩한 힘은 우리가 겸손할 때에만, 즉 우리의 죄를 끊임없이 깨닫고 이를 받아들일 때만 우리를 통해 발휘될 수 있다고 말했습니다.[24] 아우구스티누스가 보기에 순전함, 혹은 순결함은 특정한 공적으로도, 혹은 오류를 피한다는 의미로도 정의될 것이 아니었습니다. 그것은 하느님의 순수한 진리에 자신을 온전히 내맡긴다는 의미로 정의되어야 했습니다. 이후 세상 권력의 역사와 교회의 관계를 서술할 때 그는 이 세상에서 완전하고 고정된 해결책을 찾지 않았습니다. 여기서도 관심사는 같습니다. 아우구스티누스에게도 핵심 질문은 무엇이 교회를 거룩하게 만드느냐는 것이었습니다. 그러나 그가 내린 답은 과거의 답과 (미묘하면서도) 상당

---

[23] 성장과 진보의 중요성에 관해서는 다음을 보십시오.「세례」III, xvi, 성령의 지속적인 활동이 만들어내는 사랑에 관해서는 같은 논고의 I.xv, VII.lii와 편지 185.x.43를 참조하기 바랍니다.

[24] 편지 185, ix.39에서 아우구스티누스는 순전하고 죄가 없다고 생각하며 주님의 기도를 드리는 것이 헛된 일임을 지적합니다.

히 달랐습니다. 그에 따르면 우리 안에서 그리스도가 살아계시게 하는 성령은 우리 자신에 대한 의존을 완전히 거부할 때 우리에게 임합니다. 그리스도인으로서 우리가 해야 할 일은 우리 자신의 연약함과 한계를 인식하고, 그럼에도 우리를 회복하시는 하느님의 권능을 증언하는 것, 그러한 방식으로 우리의 이야기를 하는 것입니다. 이것이 바로 '고백'confessio입니다. 그리스도인으로서 우리는 고백을 통해 우리가 실패한 존재임을, 우리가 도움이 필요한 존재임을 드러냅니다. 이러한 맥락에서 아우구스티누스의 자전적 기록인 『고백록』Confessions과 도나투스주의에 대한 그의 비판 사이에는 뚜렷한 연결점이 있습니다.[25]

그리고 여기서 종교개혁 시기에 가장 뚜렷한 방식으로 열매를 맺을 운동이 시작되었습니다. 그 운동이란 교회의 참됨, 교회의 진정성을 그 가시적 성과나 실천의 일관성으로 정의하는 것에서 벗어나 교회 안에서 펼쳐지는 하느님의 활동과 관련해 정의를 내리는 방식으로 나아가는 운동입니다. 한편으로 이는 꾸준히 지속되는 거룩한 행위가 그 자체로 하느님의 현존을 드러낸다는 2세기 교회의 확신이 약해지고 있음을 보여줍니다. 이는 나약한 인간의 노력과 하느님의 개입을 구분함으로써 인간의 죄성 및 수동성을 강화하는 것이나

---

[25] 앎의 수단으로서 사랑에 대한 강조는 『고백록』 VII.x에 분명하게 나타나 있습니다. "진리를 아는 자는 그 빛을 알게 되고 그 빛을 아는 자는 영원을 알게 됩니다. 그리고 진실로 사랑은 이 빛을 알게 합니다." 『고백록』(경세원)

타협하는 것처럼 보일 수 있고 실제로 몇몇 사람들은 그렇게 보았습니다. 은둔 수도자 펠라기우스Pelagius뿐만 아니라 하느님의 힘과 인간의 의사 결정, 습관의 협력에 관해 보다 통합적인 이해를 해왔던 이들도 아우구스티누스를 비난했습니다. 아우구스티누스의 신학은 새로운 방식으로 기존의 그리스도교 신학이 공들여 재구성한 조화로운 세계를 위협했습니다. 또한 그의 신학은 가장 급진적인 방식으로 역사적이고 우연적인 요소에 의존해 빚어낸 교회의 일치 주장에 도전했습니다. 이렇게 아우구스티누스는 과거에 제기되었던 질문들을 가지고 분투하면서도 과거에 해결되고 종결된 것으로 보였던 신학 이론들이 새롭고 불편한 변화를 겪게 될 것을 암시했습니다. 그러한 점에서 다양한 위험에 노출된 그리스도교 신앙을 이해할 수 있도록 표현하기 위해 마지못해 새로운 용어를 채택했던 니케아 공의회의 대표들과 같은 길을 그도 걸었다고 할 수 있습니다.

III

교회의 구별됨이라는 문제와 교회의 일치라는 문제는 서로 밀접하게 연결되어 있습니다. 그리고 이 문제들을 진지하게 살피면 교회의 첫 세기에 발생한 문제들의 다양한 층위를 헤아려 볼 수 있습니다. 과거 몇몇 교회사가들, 특히 성공회 역사가들은 '첫 500년 동안 분열되지 않은 교회'라는 표현을 즐겨 쓰곤 했습니다. 이 시기 일어난 복잡다단한 일들과 긴장들, 교회의 다양한 모습들에 대해 익히 알고 있는 현대 역사가들이 저 표현을 듣는다면 눈꼬리를 치켜들겠지요. 그러나 이는 역사 연구를 통해 친숙한 개념을 '낯설게 하는' 일의 중요성을 상기시켜주는 또 하나의 사례입니다. 분명 초대교회는 일치에 깊은 관심을 가졌지만 이를 논의하기 위해 당대 그리스도인들이 사용했던 범주와 이야기는 오늘날 사람들이 이해하기에 상당한 어려움이 따르며 우리가 상상하거나 가정하는 것처럼 일치를 이루고 있지는 않았습니다. 일례로 당시 교회는 오늘날 그리스도인이라면 누구나 절대적으로 자명하다고 여길 만한 것, 이를테면 정경이 무엇인지를 정의하고 모든 교회가 받아들여야 할 정경의 목록을 확정하는 데도 꽤 오랜 시간이 걸렸습니다. 물론 당시 지역 교회들은 유대교의 경전과 그리스도교 성서 목록을 일치시키는 것이 얼마나 중요한지를 알고 있었지만 말이지요. 그들은 예언부터 이야기를 시작해 선한 창조와 이스라엘을 위해 진행하시는 하느님의 활동을 긍정하고 입증해야 할 필요가 있다고 생각했습니다. 그러나 4세기에 이르기까지도 그리스도교 정경 목록은 확정되지 못했습니다(이를테면 히브리인들에게 보낸 편지와 요한의 묵시록을 정경 목록에 추가하려 하자 많은 이가 우려를 표했습니다). 또한 당시 교회 질서나 치리 방식은 지역마다 일정한 차이가 있었습니다. 2세기 초엽 지중해 세계에서는 대체로 주교들이 교회를 이끌며 장로단을 주재했으나, 이를테면 안티오키아와 알렉산드리아에서 교회를 운영하는 방식에는 커다란 차이가 있었습니다. 단일한 주교제 교회라는 개념이 등장하기까지는 오랜 시간이 걸렸습니다. 로마 교회도 마찬가지였습니다.[26]

더 놀라운 사실은 교회마다 성사 집전 방식도 크게 달랐다는 것입니다. 주류 교회를 떠났다가 돌아온 사람, 또는 비주류 집단에서 세례를 받았다가 주류 교회의 구성원이 되고자 하는 사람이 다시 세례를 받아야 하느냐는 문제는 3세기에 뜨거운 논쟁거리였습니다. 당시에는 분명 모든 교회가 동일한 입장을 보이지 않았습니다. 북아프리카 주교 키프리아누스Cyprian of Carthage를 비롯한 몇몇 사람들은 세례란 그저 '보편'교회의 친교 안으로 들어오기 위한 입교예식이라고 생각했습니다. 따라서 다른 곳에서 오는 사람들은 모두 세례를 받아야 한다고 주장했습니다.[27] 한편 알렉산드리아의 디오니시우스 Dionysius of Alexandria를 비롯한 사람들은 비록 오류에 빠져 있거나 분열된 교회로 인도되었다 하더라도 이를 그리스도의 몸에 대한 유효한 인도로 볼 수 있다고 주장했습니다. 또한 디오니시우스는 이 문제를 두고 교회들이 서로를 단죄하거나 파문해서는 안 된다고 말했습니다. 지역 공동체가 발전시킨 다양한 관습을 존중해야 한다고, 각 지

---

[26] R. B. Eno, *The Rise of the Papacy* (Collegeville, Liturgical Press, 1990)를 참조하기 바랍니다.

[27] 이러한 이유로 255년과 257년 키프리아누스는 로마 주교 스테파누스(스테파노)Stephen 와 크게 대립했습니다. 키프리아누스의 편지 lxix, lxxi, 특히 lxxiv 를 참조하십시오. 좀 더 깊은 논의를 위해서는 Peter Hinchliff, *Cyprian of Carthage and the Unity of the Christian Church* (London, Chapman, 1974)를 참조하기 바랍니다.

역 교회의 식별과 그곳에서 축적된 전통은 결코 가볍게 봐서는 안 된다고 그는 생각했습니다.[28]

교부들의 신학이 온전한 일치를 이루고 있었다고 생각했던 옛사람들의 단조로운 견해에 대한 반발로 이러한 불일치를 부풀려서는 안 됩니다. 동시에 초대교회의 이러한 일치가 오늘날 교회일치운동에 도움이 되는 답변을 제공할 수 있다는 생각으로 이어져서도 안 됩니다. 이러한 과거 교회들의 움직임에서 발견할 수 있는 것은 일종의 '인식 기술'과 여기서 나오는 실천들입니다. 각 교회는 이를 바탕으로 다른 교회와 교류를 강화하고 또 유지했습니다. 3세기, 아마도 그 이전부터 지중해 지역 교회들은 자기 지역 신임 주교의 선출과 관련해 다른 교회에 기도를 요청하는 편지를 주고받았습니다. 또한 한 교회 안에서 규율을 결정하면 이를 친교와 기도를 약속하는 편지와 함께 신임 주교에게 보내는 것이 관행으로 자리 잡았습니다. 때로 주교는 교회에 어떤 규율의 결정을 지지하거나 반대하는 편지를 보냈습니다. 오고 간 편지들은 지역 교회 문서 보관소에 소중히 보관되었으며 각 주교는 이를 중요한 자료로 활용했습니다. 에우세비우스를 비롯한 교회사가들은 알렉산드리아의 디오니시우스에 대한 전기에서 밝혔듯 역사를 쓰는 데 이러한 문헌들을 참고자료로 이

---

28 에우세비우스의 『교회사』 7권 2장부터 9장까지를 보십시오. 특히 9장에는 알렉산드리아 주교와의 상통 관계 바깥에서 유아 세례를 받은 사람에 대한 디오니시우스의 견해를 살펴볼 수 있습니다.

용할 수 있었습니다.[29] 이러한 와중에 통상적인 정보 교환과 상호 기도에서 특정 교회를 제외하는 것은 어떤 보편적인 제제 규율이 없는 상황에서 교회들이 취할 수 있는 대표적인 제제와 항의의 표현이었습니다.

여기서 반드시 기억해야 할 것은 지역 교회들의 서신 교환이 박해와 순교 소식을 나누면서부터 본격적으로 시작되었다는 점입니다. 2세기가 막 시작할 무렵, 처형을 앞에 둔 안티오키아의 이그나티우스가 쓴 서신들, 폴리카르푸스의 죽음을 보도하는 스미르나 교회의 서신, 알렉산드리아 교회가 겪은 수난을 그리는 디오니시우스의 서신들, 나아가 4세기의 첫 10년 동안 일어난 대박해 시절 기록된 이집트 트무이스의 주교 필레아스Phileas of Thmuis가 쓴 서신에 이르기까지 순교 보도는 교회들끼리 주고받는 소식 가운데서도 가장 대표적인 소식이었습니다.[30] 조금 과장하면 순교의 경험을 나누고자 하는 열망은 초대교회가 일치를 지향하고 이루게 하는 가장 원초적인 요소였습니다. 스미르나나 리옹에서는 제국 권력에 의해 일어난 고귀한 죽음을 다른 교회들과 나누기 위해 편지를 보냈고 편지를 받은 교회들은 자신들 또한 그리스도의 거룩한 왕권의 징표, 이 세상

---

[29] 에우세비우스의 교회사 6권과 7권 대부분은 디오니시우스의 여러 편지를 바탕으로 일종의 전기를 서술하고 있습니다. 6권 46장에 그는 직접 인용하지 않은 몇몇 중요한 문헌들의 목록을 제시하고 있습니다.

[30] 디오니시우스에 대해서는 에우세비우스의 『교회사』 7권 11장을 보십시오. 필레아스에 대해서는 8권 10장을 보십시오.

과는 다른 교회로 정의되는 거류 외국인의 모임임을 깨달았습니다.

결국 그리스도교 초창기 교회의 일치는 부분적으로 거룩함과 수난, 하느님의 주권에 관해 암묵적으로 공유하고 있던 인식에 뿌리내린 언어에 바탕을 두고 있다고 할 수 있습니다. 어떤 교회가 보편적 친교에 속하는지 아닌지를 알아보기 위한 암묵적 시험은 그 교회가 저항할 줄 아는지, 이 세상 황제가 아닌 그 황제의 주님 앞에서 책임질 수 있는 모임으로서 말하고 행동하는지를 검증하는 방식으로 이루어졌습니다. 이후 교리의 정교화는 거류 외국인으로서 행동하고 고초를 겪는 것이 무엇을 뜻하는지, 그리고 외국 시민권을 갖고 있다는 확신을 이끌고 입증하는 것은 무엇인지, 그리고 그것이 어떠한 의미가 있는지 기술하고자 한 시도의 결과였습니다. 달리 말하면 교리는 순교에 관한 주석이라 할 수 있습니다. 이러한 관점으로 볼 때 우리는 초대교회라는 역사적 맥락 가운데 발전한 교리를 가장 잘 이해할 수 있습니다. 당시 그리스도인들에게 순교는 그 자체로 그리스도를 가장 진지하게 이해하는 행위였으며, 그리스도를 하느님의 백성에 대한 정의를 바꾼 이로 받아들일 수 있게 하는 하나의 주석, 삶으로 보여주는 해설이었습니다. 가장 강력한 위험이 지나간 것처럼 보일 때에도 교회는 하느님의 주권을 계속 이 세상에 드러내야 했고 이를 탐구해야 했습니다. 그리고 이에 대한 응답으로 한편에서는 엄격한 수도 생활을 통한 관상의 추구가, 한편에서는 아우구스티누스의 끊임없는 자기 분석과 고백, 참회의 신학이 이어졌습니다.

IV

그렇다면 이러한 검증에서 오늘 우리는 참된 교회, 교회의 진정성과 관련해 무엇을 배울 수 있을까요? 과거의 몇몇 신학자들과 교회사가들은 계시 된 진리를 악의적으로 왜곡하는 몇몇 이단자들이 있기는 했으나 커다란 차원에서 초대교회의 일치는 시종일관 유지되었다고 생각했습니다. 그러나 이제 우리는 그들이 이해했던 방식으로 초대교회를 이해할 수 없습니다. 초대교회는 오늘날 교회일치를 위한 하나의 본으로 더는 기능할 수 없습니다. 오늘날 교회에서 4세기나 5세기 이전에 존재하지 않았던 예배 형식, 신학의 표현들을 모두 걷어낸다고 해서 현대교회가 초대교회가 되는 것은 아닙니다(그리고 이는 불가능합니다). 좋든 나쁘든 우리는 초대교회의 역사가 실제로 어떻게 구성되어있는지 과거보다 좀 더 잘 알게 되었습니다. 그리고 당시 일어났던 갈등들의 본질이 무엇인지에 대해서도 좀 더 많은 것을 알고 있습니다. 교만한 개인이 악의를 품고 일치된 교회에 반역을 일으켜 교리 논쟁을 초래했다는 식의 설명은 우리를 더는 만족시키지 못합니다.

그러나 우리가 이 모든 것을 알게 되었다고 해서 교부들이 남긴 교리 발전에 관한 기록을 쉽게 권력 투쟁의 산물로 간주하거나 특정 정치적 이념을 전달하는 글로 냉소적으로 간주해 버리면 안 됩니다. 당시 거의 모든 사람이 제국으로 대표되는 정치 권력을 신성하게 여기던 시절에 신성함의 원천을 다른 곳에서 찾는다는 것, 거룩함이 제국이나 황제가 아닌 다른 곳, 다른 이에게서 발견될 수 있다는 것은 충격적인 일이었으며, 이를 신뢰하는 그리스도인들에게 이를 정당화하는 일은 긴급하고도 실질적인 문제였습니다. 그리고 그러한 사회에서 문제를 (오늘날 우리가 보기에는 매우 낯선 방식으로) 정의하고 다듬는 일은 결코 쉬운 일이 아니었습니다. 우리는 그리스도인들이 정치 권력과 종교적 신화가 야합해 제국에 형성한 어떤 분위기와 대면했다는 사실을 숙고해야 합니다. 1934년 독일 제3제국의 반유대인 입법에 저항했던 독일 고백교회가 바르멘 선언Barmen Declaration*을 통해 모든 권위 주장에 앞선 그리스도 안에서의, 그리스도를 통한 하느님의 주권을 주장했을 때 그리스도교는 다시 한번 자신을 정의하는 원초적 형태를 이 세상에 분명하게 드러냈습니다.[31] 마찬가지로 1980년대 남아프리카공화국에서는 바르멘 선언을 참고한 카이

---

[31] 바르멘 선언의 주제와 그 맥락, 중요성에 관한 칼 바르트Karl Barth의 탁월한 논의와 관련해서는 다음을 보십시오. Timothy Gorringe, *Karl Barth: Against Hegemony* (Oxford University Press, 1999), 4장, 128~133.

* 바르멘에서 1934년 5월 29~30일에 진행된 고백교회 첫 시노드의 결과물인 바르멘 선언은 칼 바르트의 신학에 깊은 영향을 받아 교회의 기초가 예수 그리스도 안에서 드러나는 하느님의 계시이며, 자연이나 역사에의 어떤 계시에도 종속되지 않는다고, 교회의 주된 사명은 거저 주시는 하느님의 은총에 관한 복음을 선포하는 것이라고 선언했다. 이는 나치 게르만 그리스도교의 신학적 남용에 맞서 교회의 신앙과 사명을 정의한 것이다.

로스 문서Kairos Document*가 교회의 이름으로 아파르트헤이트를 심판하며 이단으로 단죄했습니다. 카이로스 문서는 경기장 앞에 선 폴리카르푸스가 자아냈던 것과 같은 힘을 자아냅니다.[32] 여기서 제3제국이라는 신이교도 법정이나 허위적 성서 해석을 바탕으로 이루어진 남아프리카공화국 국민당 법정과 같이 종교의 후광을 입은 인간 법정은 하느님의 주권이 다스리는 상위 법정에 고발당합니다. 다시 말해, 교회는 무엇에 저항해야 할지를 깨달을 때 일치에 이릅니다. 바

---

[32] 바르멘 선언과 1985년 벨하Belhar 카이로스 선언의 연속성과 관련해서는 다음을 보십시오. Charles Villa-Vicencio (ed.), *On Reading Karl Barth in South Africa* (Grand Rapids, Eerdmans, 1988)

* 남아프리카에 정착한 네덜란드계 이주민의 개혁교회 공동체는 아프리카 원주민에 대한 백인의 억압과 정복을 신학적으로 정당화했고 1930년대 독일에서 유학한 네덜란드 개혁교회 지도자 다수는 남아프리카에 나치식의 백인우월주의와 소명 의식을 신학적으로 접목했다. 그 결과 국민당은 네덜란드계와 백인종을 정치적으로 대변하고, 그리스도교적 민족주의가 이를 뒷받침하는 이데올로기로 떠올랐다. 교회가 본격적으로 아파르트헤이트에 대한 비판을 제기한 것은 세계교회협의회WCC가 1960년 채택한 성명서였다. 이를 네덜란드개혁교회가 '자유주의'로 몰며 비난하자, 베이어스 노드 등 네덜란드개혁교회의 일부 진보 성향 지도자가 이탈, 크리스천인스티튜트Christian Institute를 설립하며 인종 간 대화와 화해를 부르짖기 시작했다. 크리스천인스티튜트는 1968년 창설된 남아프리카교회협의회SACC와 '남아프리카 국민에게 전하는 메시지'라는 문서를 통해 아파르트헤이트 체제를 뒷받침하는 백인 교회의 세계관을 통렬히 비판했다. 이후 이러한 움직임은 바르멘 선언의 영향을 받은 데스먼드 투투와 알란 부삭 등 남아프리카를 대표하는 신학자들의 적극적 참여로 확산되었다. 1982년 세계개혁교회연맹WARC은 아파르트헤이트에 대한 신학적 정당화를 이단으로 선언했고, 백인 네덜란드개혁교회에서 분리된 유색인종 교단인 네덜란드개혁선교교회DRMC는 1986년 화해와 연합, 정의를 핵심으로 한 '벨하 신앙고백'(1982)을 채택했다. 또한 그리스도교 정치윤리학을 중심으로 한 남아프리카 흑인신학이 마찬가지의 맥락에서 발전했다. 그 첫 번째 결실이 요하네스버그 근교 흑인 구역 소웨토에서 활동하던 신학자들이 주축이 되어 남아프리카의 정치적 위기에 대한 신학적 평가의 결과로 등장한 '카이로스 문서'다. 이 문서는 교회의 역할을 비판적으로 분석하며 남아프리카 사회의 정치적 현실을 마주하여 취해야 할 자세에 관해 성찰한다. 나아가 교회와 신학의 예언적 성격을 강조하고 행동에의 참여를 촉구한다. 이후 카이로스 문서는 남아프리카뿐 아니라, 아프리카의 다른 국가들과 남아메리카, 인도와 팔레스타인, 심지어 유럽에서도 다양한 방식으로 읽히는 고전적인 문서로 자리 잡았다.

르멘 선언과 남아프리카공화국 교회의 이야기는 저항을 해야만 했던 자리에서 교회가 일치를 이루어 저항했던 좋은 예입니다. 그러나 좀 더 넓은 차원에서 우리는 순교자들의 이야기를 통해 교회가 무엇인지에 대한 깨달음을 넓혀야 합니다. 우리의 감각을 새롭게 해야 합니다. 불행하게도 20세기에는 과거 어느 시대보다도 많은 순교자가 나왔습니다. 그러나 동시에 주목할 만한 현상은 오늘날 그리스도인들이 교회일치의 관점에서 이를 바라보고 있다는 것입니다. 오늘날 점점 더 많은 그리스도인이 여러 전통에서 나온 신앙의 증언을 존중하며 순교자가 어떤 교파에 속해 있는지 너무 캐묻지 않습니다. 웨스트민스터 서쪽 면과 캔터베리 대성당의 '20세기 순교자 소성당'에는 정교회, 개신교, 로마 가톨릭 순교자들의 상이 나란히 놓여 있습니다. 나아가 점차 많은 수의 전례 문헌도 같은 기조를 따르고 있습니다.

이는 어쩌면 우리가 점차 순교자에 대한 잘못된 이해에서 벗어나고 있음을 보여주는 것일지도 모르겠습니다. 순교 이야기는 '우리'는 옳고 '저들'은 틀렸다는 점을 입증하기 위해 활용될 수도 있습니다. 그러한 맥락에서 순교자가 많이 배출된다는 (비극적인) 사실에 우리는 오히려 안정감을 느낄 수도 있습니다. 하지만 사실상 이 같은 논리는 자살폭탄 테러범의 논리와 같으며 끔찍한 결말만을 낳을 뿐입니다. 순교 이야기는 우리에게 죄책감을 불러일으키는 방식으로 활용될 수도 있습니다. 어떤 이들은 이를 통해 자칫 밋밋하게 보일 수 있는 그리스도교 이야기를 극적으로 만들고 감동을 불러일으키려 합니다. 그러나 이러한 시도는 가장 경멸적인 의미에서 순교 이야기를 정치적으로 활용하는 것입니다. 이는 순교 이야기를 신학적 방식으로 바라보는 것이 아닙니다. 순교에 관해 신학적으로 고찰할 때 얻어지는 메시지는 어쩌면 단순합니다.

이곳에 거룩한 힘이 새롭게 드러났습니다.
바로 이 때문에 우리는 구별되고 눈에 보이는 공동체로 존재합니다.

여기에 기대어 우리는 그리스도인으로서 또 다른 시민권, 또 다른 주권을 이야기할 수 있습니다.

바르멘 선언과 같은 현대적인 저항은 오늘날 우리가 세상과 거리를 두면서 그리스도교 공동체의 진정성과 참됨을 설명하는 언어를 어떻게 표현해야 하는지, 하느님의 창조와 예수 그리스도를 어떻게 새롭게 긍정할 수 있는지를 보여줍니다. 초대교회는 우리에게 완전한 삶과 언어의 모범을 제시하지 않습니다. 대신 초대교회는 우리가 외국 시민권을 주장할 때 어떠한 위험을 마주할 수밖에 없는지, 어떠한 대가를 치러야 하는지, 그리스도에 관해 무엇을 언급해야 하는지를 분명하게 보여줍니다.

니케아 신경이나 칼케돈 신조의 정식을 어떻게 진지하게 받아들여야 할지 모를 때, 그리스도교 초창기에 관한 분석은 우리에게 다시 그 의미와 가치를 일깨워 줄 것입니다. 때로 신경, 신조, 교리 언어는 딱딱하고 어색하며 낯설게 보입니다. 그러나 그렇게 표현하지 않았다면 이 세상 세력 너머의 권위에 자유롭게 호소할 수 있다는 교회의 주장은 펼쳐지지 못했을 것이며, 모든 형태의 지상 정부가 거짓된 거룩함을 이야기할 때 이를 거부하는 것은 불가능했을 것입니다. 신경과 신조의 언어는 이러한 교회의 특징, 교회의 기초를 이루는 부분을 적절하게 가리키기 위한 최소한의 틀입니다. 이 언어가 낯설고 어렵게 다가온다면 이는 교리 언어 자체에 문제가 있다기보다는 우리가 그리스도인으로서 우리 자신의 정체성과 사명에 대해 숙고해보지 않았다는, 긴박함을 잃어버렸다는 징후일 수 있습니다.

여기에는 좀 더 성찰해 볼 부분이 있습니다. 초대교회가 교리 언어를 통해 자신의 입장을 형성하는 데에는 꽤 오랜 시간이 걸렸습니다. 그리고 하느님의 존재에 수반되는 진술, 다시 말해 하느님의 '본질'essence과 관련된 교리 진술은 매우 조심스럽고 신중하게 이루어졌습니다. 그 결과 정착된 교리는 그리스도교 언어를 건전하고도 풍요롭게 하려는 최소한의 지침으로 기능했습니다. 그러므로 우리가 이러한 최소한의 지침에 무언가를 덧붙이려 한다면 그것이 초대교회가 순교를 통해 주장하려 한 이야기에서 필연적으로 도출되는 요소인지 검토해 보아야 할 것입니다. 저는 이것이 오늘날 세계 성공회공동체를 비롯한 여러 교회에 영향을 미치고 있는 신학적 '문화 전쟁'culture wars을 두고 던져 보아야 할 핵심 질문이라고 생각합니다. 어떤 새로운 주장이 제기되어 이를 검토할 때 교회는 '이것이 현대에 부합하게 신앙과 전통을 재구성하는 데 도움이 되는가?', '이것은 신앙과 전통을 현대에 타협하는 것이 아닌가?', '이것이 더 많은 이를 '포용'inclusion할 수 있는가?', '이 주장은 다원주의pluralism를 수용하는 것이 아닌가?'라고 묻기보다는 '이 주장은 독립된 시민권을 주장하는 그리스도교 신앙에 타당한가?', '이 주장은 장기적인 차원에서 초대교회 그리스도인들이 순교를 통해 드러내고자 했던 바를 이해할 수 있게 만드는가?'라고 질문해야 합니다. 가령 여성이나 성소수자의 성직 서품을 두고 논쟁이 일어날 때, 한쪽에서는 새로운 관행을 조성하려는 제안에 불안함을 느끼고 다른 쪽에서는 편안함을 느낍니다. 분명 그리스도교 정체성의 새로운 발전을 위한 모든 진지한 논의 과정에는 이러한 논쟁의 요소가 존재하며 이는 결코 사소한 문제가 아닙니다. 다른 무엇보다 중요한 것은 이러한 논의가 정치적 차원이나 현대 사회의 상식에 교회가 발을 맞추고 있다는 사실을 홍보하는 차원이 아닌, 신학적 차원에서 이루어져야 한다는 것입니다. 또한 우리는 새롭게 제기되는 주장을 두고 일어난 논의들이 마치 궁극적인 차원에서 중요한 것처럼 보이게 하지는 않는지, 지나치게 극적으로 만들려고 하지는 않는지 철저하게 검토해 보아야 합니다. 그리스도교 안에서 진행되는 담론들이 모두 다 그 정도의 비중을 지닌 것은 아닙니다. 물론 그렇다고 간단하게 처리할 수 있는 사안도 아니지만 말이지요. 그리스도인으로서 우리의 기원에 관심을 기울인다면 적어도 지금 당면한 문제들에 관해서도 올바르게 성찰할 수 있도록 도와주는 몇 가지 도구를 얻을 수 있으며 근본적으로 잘못된 식별이 무엇인지, 그것이 어떻게 일어났는지를 보여주는 몇 가지 사례들을 발견할 수 있습니다. 이에 관해서는 마지막 장에서 좀 더 자세히 살펴보도록 하겠습니다.

어쩌면 우리는 궁극적이고 성스러운 권위를 자처하는 무언가가 제기하는 구체적이고 분명한 도전이 없다면 오늘날 마주한 몇몇 고통스러운 문제들에 대한 궁극적인 해답을 찾지 못할 수도 있습니다. 이는 교회의 과거를 살핌으로써 얻을 수 있는 가장 불편한 교훈입니다. 앞서 언급한 독일 고백교회를 생각해 봅시다. 고백교회 공동체에서 가장 주목할 만한 점 중 하나는 수 세기 동안 갈라졌던 교회들, 성사를 함께 하는 것조차 거부했던 루터교회 교인들과 개혁교회 전통의 개신교인들을 함께하게 했다는 것입니다. 두 집단은 오랫동안 성찬례와 그리스도론, 은총론에 있어서 의견을 달리해왔습니다. 그러나 제3제국이 대두했을 때 어느 교파적 입장을 지지하느냐의 문제는 교회를 교회로 만드는 문제, 곧 예수의 초대를 받아들이고 다른 무엇보다 그의 권위에 의지하는 공동체라는 교회의 핵심 정체성을 어떻게 충실하게 드러내느냐는 문제에 아무런 영향도 미치지 못했습니다. 물론 고백교회의 등장이 쓰라리고도 긴 역사적 논쟁을 해결하지는 못했습니다. 더욱 안타까운 점은 이후 두 개신교 가족이 계속 손을 잡지는 못했다는 것입니다. 고백교회는 여러 굴곡을 겪었고 많은 사람이 소망하며 기도했지만 전후 독일 교회는 이러한 경험을 바탕으로 근본적인 변화를 이루어내지는 못했습니다. 그럼에도 불구하고 위기의 시대에 찾아온 놀라운 은총과 희망의 순간은 결코 사라지지 않습니다.

중대한 위기나 위협에 처하지 않는 한 그리스도교 정통 신앙이 무엇이고 그것이 어떻게 드러나야 하는지 결코 온전히 알 수 없다는 사실을 우리는 진지하게 받아들여야 합니다. 그럼에도 불구하고 우리는 끊임없이 교회가 자신을 정의하는 근거를 어디서 찾고 있는지를 물어야 합니다. 이것이 그리스도교 신앙의 핵심 문제 중 하나임을 끊임없이 되새겨야 합니다. 교회의 경계를 분명히 하려는 시도는 자신이 알고 있는 '정통 그리스도교'를 바탕으로 누군가를 경계 바깥으로 내모는 강박적인 움직임으로 쉽게 이어질 수 있습니다. 그러나 교회가 어떤 공동체인지 정의하는 일은 이 세상에 끊임없이 출몰해 자신을 숭배하라고 강요하는 전체주의적 권력에 저항할 수 있게 한다는 점에서, 그리스도인으로서 우리가 확신을 담아 이 세계와 우리 인간에 대한 진리는 이런저런 정치 구조에 좌지우지되지 않는다고 말할 수 있게 한다는 점에서 매우 중요합니다. 교회에 불어 닥치는 위기가 이를 밝혀준다는 사실은 역설적으로 교회의 참됨, 진정성, 정통성을 포함한 모든 것이 하느님께서 주시는 선물이며 결코 인간이 이룬 업적이 아니라는 점을 우리에게 알려줍니다. 교회가 자신의 경계를 살피는 일은 어느 정도 불가피합니다. 모든 영이 그리스도에 속하지는 않았고 우리가 말하거나 행동하는 방식 모두가 그리스도 앞에 투명하지는 않기 때문에, 그리스도의 정신에 부합하지는 않기 때문입니다. 교회에 규율이 존재하는 이유는 교회의 경계 안에서 그리스도인들이 책임 있게 말하고 행동할 수 있게 하는 데 있습니다. 그러나 필요에 따라 모든 적절한 조처를 한 다음에도 어떤 영역은 여백으로 남아 있습니다. 우리는 여전히 그리스도라는 실재가 우리에게 무엇을 요구할지, 우리의 신앙이 우리에게서 어떠한 생각과 행동을 끌어낼지 온전히 알지 못하기 때문입니다. 그러한 맥락에서 미래의 '정통성'이 어떤 모습을 하고 있을지 우리는 알 수 없습니다.

이는 인간 정신의 진보를 통해 새로운 진리가 드러난다는 식의 논의와는 거리가 멉니다. 그러한 논의, 그러한 논의에서 나온 언어들에 대해 그리스도인들은 의심할 권리가 있습니다. 물론 그런 언어들을 간단히, 그리고 단순하게 거짓된 것으로 치부할 수는 없습니다. 그러나 그러한 언어들은 그리스도라는 실재가 이 세상에서 지닌 정확한 의미가 무엇이고 우리를 어떠한 길로 인도하는지를 가장 분명하게 깨달을 수 있는 순간이란 교회가 세상이 자신에게 충성하라는 압력에 맞서 충돌을 일으킬 때라는 초기 그리스도인의 확신에서 우리를 멀어지게 합니다. 어려운 것은 과연 정확히 어느 지점에서 세상이 그러한 압력을 가하고 있는지를 식별하는 것입니다. 이는 신학이나 윤리학에서 이따금 일어나는 좌우 대립의 문제가 아닙니다. 세상의 압력은 교회가 통제와 세속적인 성공의 유혹에 무비판적으로 매료될 때 드러납니다. 책임감 있는 행동을 거부하는 움직임에서도 우리는 세상의 압력을 감지할 수 있습니다. 낙태에 대한 무감각적인 태도에서도 세상의 압력을 감지할 수 있지만, 때로는 공공의 윤리 의식을 고취하기 위한 환경 운동에서도 이를 감지할 수 있습니다. 윤리에 대해 감정적으로 반응하고 개인주의적으로 사고하는 분위기 속에서 한 그리스도인이 공동체의 구성원으로서 교회가 고유한 미덕으로 여기는 가치를 분명하게 말하고 행동할 때 사람들이 당혹감을 느끼고 혼란스러워하는 반응을 보이는 것은 그리 놀랍지 않습니다.

이 장에서는 교리, 혹은 규율과 관련해 초기 그리스도교에서 일어난 교회들의 갈등에 대해 살펴보았습니다. 이는 하느님께서 펼치시는 활동의 우선성이 빚어내는 차이, 그리스도의 삶과 죽음, 부활을 통해 당신의 권위를 확립하시는 그분의 활동이 빚어내는 차이에 비추어 교회의 정체성을 파악하는 일이 얼마나 중요한지를 우리에게 알려줍니다. 초대 그리스도인들의 순교는 바로 그 차이를 가리킵니다. 이를 중심으로 이후 시대를 살펴보면 우리는 초창기 그리스도인들이 고민하던 문제가 어떠한 방식으로 전개되어 나가는지를 새롭게 바라볼 수 있을 것입니다. 그리고 이후 첨예하게 발생한 교리 논쟁, 규율과 관련된 갈등을 새로운 방식으로 볼 수 있게 해줄 것입니다. 이제, 종교개혁 시대를 살펴볼 차례입니다.

종교개혁은 오랫동안 잠들어 있던,
교회의 정체성에 대한 질문이
다시금 깨어난 사건이라 할 수 있습니다.
그러므로 초대교회 시기,
교부들의 시기에 일어난 사건들이 그랬듯
종교개혁 시기에 일어난 사건들을 이해하기 위해서는
반드시 이 질문에 담긴 정치적 요소와 신학적 요소를
곱씹어보아야 합니다.

03

오직 은총

종교개혁 시대의 지속성과 새로움

첫 몇 세기의 그리스도인들은 그리스도인이 된다는 것의 의미를 정의하려 했습니다. 좀 더 정확히 말하면 그들은 예수 안에서, 예수를 통해 활동하시는 하느님께서 주시는, 일관성을 지닌 구별된 사회이자 공동체인 교회의 의미를 표현하는 언어를 찾아내려 했습니다. 이는 당시 그리스도교 공동체가 직면했던 사회 질서와의 대립에 대한 실제적 응답, 다시 말하면 순교에 대한 응답이었습니다. 로마 제국이라는 체제를 전복하려 한다는 혐의에 맞서 그리스도인들은 교회라는 인류의 새로운 연대 방식을 이해하려 했습니다.

그러나 4세기 이후 로마 제국이 그리스도교를 합법화하고 제국 시민의 행동 규범으로 강제하자 교회의 자기 이해는 변화했습니다.

점차 교회는 자신을 한 사회의 본질과 정당성을 검토하는 제도, 규범, 조직으로 이해했습니다. 콘스탄티누스 이전 시대에 교회를 정의했던 언어는 콘스탄티누스 이후의 교회를 더는 제대로 설명할 수 없었습니다.[1] 로마 제국이 새로운 방식으로 생존을 이어간 동방 비잔티움에서 교회는 공식 표현을 빌리면 "그리스도와 함께 다스리는" 황제, 즉 바실레우스의 신성한 인격체sacred person에 의해 유기적으로 결합 된 공적 제도의 일부가 되었습니다.[2] 한편 로마의 통치가 붕괴하고 새로운 게르만 왕국들이 등장한 서방에서 교회는 로마 제국을 실질적으로 계승해 이성과 법률을 바탕으로 세상을 통치하는, 생활 양식을 제공하는 정치 조직이 되었습니다. 당시 교회는 지역의 관습과 왕권에 제한되지 않는 보편적인 권리를 주장했습니다. 서방 교회는 로마에 있는 최고 정무관(교황)의 지도 아래 글을 읽을 줄 아는 관료들(성직자 집단)을 중심으로 각 왕국 궁정의 연결망과 위계 안으로 침투했습니다. 성직자 집단은 자신이 로마를 중심으로 하는 국제적인 체제에 속한 독립 집단임을 주장하며 때로는 왕국에 협조하고 때로는 왕국을 상대화했습니다. 이는 격렬한 갈등을 초래할 만한 요

---

[1] Daniel Williams, 'Constantine, Nicaea and the "Fall" of the Church', *Christian Origins. Theology, Rhetoric and Community* (London, Routledge, 1998), 117~136. 여기서 윌리엄스는 콘스탄티누스의 지지로 교회가 급격하게 부패했다고 섣불리 단정할 수 없다고 이야기합니다.

[2] 이는 787년 제2차 니케아 공의회 교령 서두에 나온 표현이며 서방 샤를마뉴 궁정의 신학자들은 이를 크게 비난했습니다. 이는 『샤를마뉴의 책』Libri Carolini에 잘 드러나 있습니다. Judith Herrin, *The Formation of Christendom*(Oxford, Blackwell, 1987), 417~424, 434~439. 여기서 헤린은 니케아 공의회 교령에 대한 다양한 관점을 탁월하게 서술합니다.

소를 품고 있었고 실제로 갈등이 일어나기도 했습니다. 토머스 베켓 Thomas Becket*의 죽음은 그 대표적인 예라 할 수 있습니다. 그러나 당시 교회는 명백히 하나의 일관성 있는 정치 체제였습니다. 결코 냉정한 독재 정치 체제가 아니었습니다. 오히려 중세 서방 교회는 지역과 계약 관계를 넘어선 보편적인 권리 사상을 수호했습니다. 정부의 권력은 정부 이외의 존재가 보증하는 원리의 제약을 받아야 한다고 주장했다는 점에서 토마스 아퀴나스Thomas Aquinas를 최초의 휘그 당원이라고 부른다 해도 마냥 우스갯소리는 아닐 것입니다.[3]

물론 이는 교회의 정체성이 성직자라는 교회의 전문가 계층으로 구체화된 것을 전제하고 있습니다. 이때 '성직자'란 '세속인', 평범한 세례 교인과는 대조를 이루는 전문 '종교인'으로, 서품 받은 사람들로 구성된 초국가적 '국가'에 속한 시민으로서 의무를 다하겠다고 맹세한 이들을 뜻합니다. 이들은 평범한 세례 교인과는 달랐습니다.

---

[3] Thomas Gilby, *Principality and Polity: Aquinas an the Rise of State Theory in the West* (London, Longmans, 1958), 특히 V.2과 VI.4 참조. 토마스 아퀴나스 사상의 정치적 측면을 잘 드러낸 좋은 안내서라 할 수 있습니다.

* 캔터베리 대주교 토머스 베켓(1120?~1170)은 부제 시절 잉글랜드 왕 헨리 2세Henry II에 의해 발탁되어 왕실 사무를 담당하는 최고위 관직인 대법관Chancellor에 올랐던 인물이다. 대법관으로서 베켓은 헨리 2세를 탁월하게 보좌하며 큰 신망을 얻었고, 국왕의 이익을 위해서는 때로 교회의 이익에 반하는 일도 서슴지 않았다. 그러나 1162년 헨리 2세의 강권으로 마지못해 캔터베리 대주교가 된 베켓은 대법관직을 사임하고 곧바로 교회의 독립에 반하는 국왕의 모든 시도를 저지하고자 시도하며 국왕과 대립했다. 그는 이를 위해 프랑스 왕과 교황의 지원과 비호를 등에 업는 일도 망설이지 않았다. 1170년 헨리 2세를 따르던 네 명의 기사들이 캔터베리 대성당 안에서 베켓을 살해하자, 이는 유럽 전역에 파장을 일으켰다. 1173년 교황 알렉산데르 3세Alexander III는 베켓을 순교자로 시성했다.

성직자들이 법질서의 수호자로 기능했던 상황에서 성직자를 이렇게 정의하는 것은 그리 놀랍지 않습니다. 그러나 이러한 교회 생활의 이원적 형태는 그리스도교 신학에 비추어보았을 때 그리 좋은 형태라고 볼 수는 없었습니다. 그리스도의 몸이 곧 세례 받은 신자들의 친교라는 고전적인 신학 진술은 교회가 가장 먼저 '종교인', 즉 성직자 집단으로 구성되어있다는 정치, 교회법상의 주장과 불편하게 공존했습니다. 게다가 이러한 정체성을 고집할수록 교회의 위치는 대안적인 법률 질서와 새 모범을 찾기 시작한 유럽 사회에서 도마 위에 오르게 되었습니다. 사람들은 물었습니다. '성직자 집단이 좋은 정부와 투명한 법질서를 담보할 수 있는 유일한 공동체가 아니라면 교회의 주장은 어떻게 되는 것일까?', "세속' 지배자의 권위가 봉건질서라는 피라미드의 (불안한) 정점에 있는 게 아니라 천부적이라면 교회의 주장은 어떻게 되는 것일까?' 이탈리아 도시국가들과 알프스 북부에서 군주의 권위를 뒷받침하는 강력한 이론이 등장하고, 글을 읽을 줄 아는 '평범한 세례 교인들', 즉 법률가들과 행정가들이 활약하자 교회만이 정치적 정당성을 부여할 수 있다는 주장은 심각한 위기에 처하게 되었습니다.

16세기가 시작할 무렵, 위기는 언제든 일어날 수 있는 상태가 되었습니다. 이 시기에는 앞에서 간략히 묘사한 법률적, 정치적 문제가 점점 더 두드러지기 시작했습니다. 중세 후기와 르네상스 시기 교황들이 도덕적, 법률적 신뢰를 상실하자 문제는 더욱 심각해졌습니다. 교황직이 그저 특정 개인의 사리사욕을 확장하기 위한 도구, 유럽 각지에서 발생하는 권력 다툼의 도구로 전락한다면, 로마가 이러한 여러 지역 군주국 가운데 하나처럼 행동한다면, 교황직이 객관적이고 국제적인 정무직이라던 (당시) 교회의 권리 주장이 설득력을 잃게 되는 것은 자연스러웠습니다. 이렇게 되자 사람들은 교황이 신학 논쟁을 최종적으로 심판하는 결정권자라는 교황의 권위에도 의문을 제기했습니다. 종교개혁을 불러일으킨 것은 신학의 불일치뿐만이 아니었습니다. 이와 반대로 교황을 자율적인 군주국에 반하는 세력으로 공격하려는 의지 때문만도 아니었습니다. 둘은 서로 맞물리면서 종교개혁을 일으켰습니다. 그리고 둘은 모두 교황으로 대표되는 제도에 대한 신뢰의 상실에서 나왔습니다.

그러므로 앞으로 나올 내용을 살필 때는 이처럼 정치의 위기, 신학의 위기가 뒤얽혀 있음을 염두에 둘 필요가 있습니다. 종교개혁은 오랫동안 잠들어 있던, 교회의 정체성에 대한 질문이 다시금 깨어난 사건이라 할 수 있습니다. 그러므로 초대교회 시기, 교부들의 시기에 일어난 사건들이 그랬듯 종교개혁 시기에 일어난 사건들을 이해하기 위해서는 반드시 이 질문에 담긴 정치적 요소와 신학적 요소를 곱씹어보아야 합니다. 현대 미국 학자 데보라 슈거Debora Shuger*는 16

---

* 데보라 슈거(1953~)는 미국 영문학자로 UCLA에서 르네상스 및 근대 초기 영문학을

세기에 정치 · 사회적으로 일어났던 일들의 특징을 교회가 공적 삶의 '틈' 속으로 밀려난 것으로 묘사한 바 있습니다. 사람들은 교회를 공적 삶을 조율하고 방향을 제시하는 곳으로 더는 이해하지 않았습니다.[4] 이는 종교개혁이 '세속화'secularisation(애매모호한 말입니다)의 여명을 알렸다는 주장과 일맥상통합니다. 그러나 바로 그 이유로 교회는 자신의 정체성에 대해 다시금 숙고해보게 되었습니다. 슈거가 말했듯 교회는 틈으로 밀려남으로써(혹은 나아감으로써) 대안 문화, 새로운 방식의 공동체를 상상해야 했습니다. 이후 교회는 더는 공적 영역을 실질적으로 통제하려 하거나 공적 생활의 근거에 대해 논하지 않게 되었습니다. 오히려 세상을 지배하는 환경과는 다른 식으로 교회를 조성하는 방향으로 나아갔습니다. 이러한 변화는 16세기의 위기에서 나온 로마 가톨릭과 프로테스탄트 공동체 모두에 해당합니다.

이는 가톨릭과 프로테스탄트라는 말 역시 신중하게 사용해야 한다는 점을 일깨웁니다(여기서 그 대안을 제시할 수는 없지만 말이지요). 이 지점에서 우리는 앞서 강조한 원칙, 좋은 역사, 과거에 접근하는 좋은 방법은 익숙한 것을 낯설게 하는 것, 익숙하다고 여겼던 것을 다

가르친다. 튜더-스튜어트 왕조기 문학과 근대 초기 종교, 정치, 법률 사상에 대하여 관심을 가지고 몇 권의 책과 여러 편의 논문을 썼다.

[4] Debora Shuger, "Supernaturall": The Imagined Community of Hooker's Lawes', *Richard Hooker and the Construction of Christian Community* (Tempe, AZ, 1997), 307~331. 특히 327~328 을 참조하기 바랍니다.

시 보는 것임을 상기하며 종교개혁 논쟁이 그저 로마 가톨릭과 프로테스탄트 사이에 벌어진 논쟁이 아니었음을 염두에 둘 필요가 있습니다. 종교개혁 논쟁의 핵심 질문은 어디서 보편교회, 가톨릭 교회를 찾을 수 있느냐는 것이었습니다. 이러한 맥락에서 16세기에 사람들이 던졌던 '교황은 가톨릭 신자인가?'라는 물음은 단순한 우스갯소리가 아니었습니다. 종교개혁자들이 중세교회에 제기한 혐의는 교회가 신학적인 측면에서 교회로 존재하기를 멈추었다는 것이었습니다. 곧 살펴보겠지만, 이 문제를 해결하기 위해 프로테스탄트 종교개혁자들과 로마 가톨릭 개혁자들은 본능적으로 오직 하느님의 활동에만 의지하는 교회라는 교부 시대의 확신에 주목했습니다. 종교개혁자들은 오랜 시간에 걸쳐 교회를 교회 되지 못하게 하는, 진리에 대한 거대한 망각이 일어났다고 보았습니다. 교회는 인간의 결정으로 존재하지 않으며, 하느님의 권위를 위임받은 곳도 아니라고, 오직 교회는 하느님의 직접적인 의지와 활동을 통해 존재한다고 그들은 생각했습니다. 이러한 생각에 기대어 종교개혁자들은 당시 교황 중심의 로마 가톨릭 교회가 진리를 망각했다고 비판했습니다. 그들이 보기에 하느님의 우선적인 활동을 신뢰하지 않고 구현하지 못하는 공동체는 '보편교회'로 존재하기 위한 시험을 통과하지 못했으며, 그저 세속적이고 특정 법을 공유하는 집단들의 연대에 지나지 않았습니다. 그들은 '교황파'popish라는 경멸적인 이름으로 개혁되지 않은 교회들을 가리켰습니다.

잠시 루터가 공개적으로 항의를 제기하기 전의 정치·문화적 상황을 살펴보겠습니다. 이를 통해서 우리는 루터의 항의가 갖는 의미를 좀 더 잘 이해할 수 있습니다. 물론 해당 시대에 대한 온전한 그림을 현재까지 남아 있는 문헌들을 통해 재구성하기란 매우 어렵습니다. 그러나 문화사 연구자들은 15세기와 16세기 초기에 두 가지 움직임이 일어나 발전했다는 점에 주목합니다. 한쪽에서는 공적 영역에서 이루어지던 상징적인 의식, 사회, 의례적 행위, 시각 예술과 음악 예술의 정교화가 일어났습니다. 한 편 다른 쪽에서는 단순함과 소박함을 강조하는 운동, 일정한 내적 규율을 충실히 따르려는 운동이 일어났습니다.[5] 부르고뉴 궁정과 화려한 황금천 들판the Field of the Cloth of Gold,* 오케겜Ockeghem*과 페어팩스Fayrfax*가 만든 정교한 다성음악이 『그리스도를 본받아』Imitation of Christ,* 존 콜렛John Colet,* 에라스무스Erasmus와 같은 시대를 풍미합니다. 섣부르게 단정할 수는 없지만, 이 시기에는 개인의 양심 및 도덕에 관해 깊은 관심을 가졌던 이들은 공적 영역에서 일어나는 움직임에 내적으로 거리를 두려는 경향

---

[5] 고전적인 연구로 다음을 들 수 있습니다(첫 영문 번역서는 1924년에 출간되었습니다). J. Huizinga, *The Waning of the Middle Ages* (London, Pelican Books, 1955), 특히 12~14장, 17~18장 참조.『중세의 가을』(연암서가) 한편 스티븐 오즈먼트Steven Ozment는 평신도 심성에 관한 하위징아의 분석이 당시 역사 연구에 기여한 점을 인정하면서도 전체 논의를 받아들이는 데는 주의가 필요하다고 말합니다. Steven Ozment, *Protestantism: The Birth of a Revolution* (London, Fontana Press, 1993), 33. 『프로테스탄티즘』(혜안)

을 보였습니다. 그들은 사적 영역에서 교리와 성서를 묵상하며 개인의 양심을 주도면밀하게 성찰하는 데 주의를 기울였습니다. 물론 그렇다고 해서 이들이 현실 세계에서 공적 활동을 완전히 접은 것은 아닙니다. 어떤 이들은 공무를 맡아 권력자에게 일정한 영향력을 미치려 했습니다(콜렛은 헨리 8세의 외교 정책을 반대했으나 이는 그다지 성공적으로 이루어지지 못했습니다).[6] 사람들은 종종 종교개혁에 뛰어든 대

---

[6] 1513년 성 금요일 설교에서 콜렛은 오늘날 선제적 군사 행동preemptive military activity이라고 부를 수 있는 활동을 비난하며 심지어 '정의로운 전쟁'just war에 관해서도 의문을 제기했습니다. 불행하게도 당시 국왕 헨리 8세Henry VIII는 프랑스 침공을 준비하고 있었고 직접 콜렛을 설득하여 계획된 전쟁을 승인하게 했습니다(이 이야기를 전한 사람이 바로 에라스무스입니다). J. J. Scarisbrick, *Henry VIII* (London, Eyre and Spottiswoode, 1968, Pelican Books, 1971), 54~55.

* 황금천 들판은 1519년 6월 8일부터 17일간 프랑스 북부 칼레 인근 들판에서 개최된 잉글랜드 왕 헨리 8세와 프랑스 왕 프랑수아 1세의 회담을 뜻한다. 장엄한 의전을 위해 수천 명의 수행원이 동원되었으며, 양 진영, 특히 잉글랜드 측 텐트는 금실과 금분으로 장식한 천으로 수놓아져 압도적인 화려함을 자랑했다. 이 때문에 회담은 첫날부터 '황금천 들판'으로 회자되었다. '금란의 들판'으로도 번역된다.

* 요한네스 오케겜Johannes Ockeghem(c.1420~1497)은 기욤 뒤파이, 조스캥 데프레와 함께 플랑드르악파를 대표하는 작곡가다. 프랑스 왕실의 궁정악장으로 활동하며 다수의 성음악과 세속음악을 작곡했다. 그의 음악은 뛰어난 표현력과 완성도 높은 탁월한 대위법 기교를 자랑한다. 약 17편의 미사곡, 1편의 레퀴엠, 7편의 모테트, 22편의 샹송이 전해진다.

* 로버트 페어펙스Robert Fayrfax(1464~1521)는 헨리 7세와 헨리 8세 치하의 가장 뛰어난 잉글랜드 작곡가로 평가된다. 특히 헨리 8세의 신임을 크게 얻어 후원을 받았을 뿐 아니라, '황금천 들판' 행사에서는 채플 로열Chapel Royal(왕을 수행하는 성직자단 및 합창단)을 이끌기도 했다. 존 태버너와 토머스 탈리스 등 16세기를 대표하는 잉글랜드 작곡가들에게 영향을 주었다. 약 30편의 작품이 전해진다.

* 토마스 아 켐피스Thomas à Kempis(1380~1471)의 작품으로 알려진 15세기의 대표적인 신심서다. 『준주성범』으로도 잘 알려져 있다.

* 존 콜렛(1466?~1519)은 잉글랜드의 인문주의자다. 옥스퍼드 대학과 파리, 이탈리아 등지에서 공부했다. 1497년 옥스퍼드로 돌아와 바울 서신을 강의했다. 교회의 고위 성직자들을 비판하고 초대교회의 가르침으로 돌아갈 것을 주장하며 이단 시비에 휘말리기도 했다. 그의 견해는 동료 인문주의자였던 에라스무스와 토머스 모어에게 영향을 주었다.

중 가운데 폭넓게 인문주의 교육을 받고 중세 후기의 공공 영역, 교회가 추구하던 미학과 도덕에 모두 만족하지 못했던 이들이 있었다는 사실을 간과하곤 합니다.

첫 장에서 했던 이야기를 빌려 말하면 이 시기에 일어나고 있던 일들은 눈에 보이는 교회의 생활 방식이 더는 당연하고 자연스러워 보이지 않게 되었다는 사실을 드러냈습니다. 달리 말하면 교회는 역사적 비판의 대상이 되었습니다. 위에서 언급한 여러 요소가 한 지점으로 모이자 사람들은 역사의 특정 시점에 교회 생활의 영역이 확장되었으며 시간이 지날수록 그 취약함이 드러났다는 점을 깨닫기 시작했습니다. 사람들은 물었습니다. '교회가 공적, 법률적, 상징적 질서를 보증하지 못한다면 교회란 과연 무엇이란 말인가? 그리고 성직자들이 간단히 질서를 결정할 수 있는 것이 아니라면, 그러한 질서는 신학에서 어떻게 다루어져야 하며 어떠한 의미를 갖는가?' 결국 우리가 주목해야 할 것은 이 시기의 교회와 국가 간의 관계입니다. 하지만 이를 정확하게 파악하기 위해서는 상당한 주의가 필요합니다. 당시 교회와 국가는 오늘날처럼 깔끔하게 분리되지 않았습니다. 국가는 교회를 전혀 고려하지 않고 정의할 수 있는 독립체가 아니었습니다. 그리고 당시 교회와 국가 간의 관계에 관한 질문을 던진다는 것은 교회가 지닌 권위의 본질 및 교회의 정의에 관한 질문으로 연결됩니다. 오늘날의 관점에서 보면 교회의 특성과 그다지 연결되지 않는 것처럼 보이는 신학 논쟁도 실제로는 종교개혁에 동력을 제공하던 문제를 두고 벌어진 논쟁인 경우가 많습니다. 다양한 논쟁의 세부 면모를 살펴보면 결국 이 시기 역시 초대교회가 던졌던 질문과 같은 질문을 던졌음을 알 수 있습니다. 종교개혁 시기에서도 모든 논쟁의 바탕이 되는 핵심 질문은 교회가 어떠한 의미에서 '초자연적인'supernatural 사회일 수 있는지, 어떻게 오직 하느님에 의해 정당화되는 사회일 수 있느냐는 질문이었습니다.

II

루터의 신학은 위에서 살펴본 모든 것을 반영하고 있습니다. 그의 신학은 당대 몇몇 인문주의자들이 사용하던 도구를 활용해 성서를 읽으면서 전진했습니다. 또한 루터의 신학은 교회와 국가의 정치적 정당성과 권위라는 문제와 깊이 연결되어 있습니다. 개인 양심의 자유를 주장했다는 점에서 그의 신학은 자유주의 유럽에 널리 퍼져 있는 역사적 신화를 거스르지 않습니다. 그러나 루터는 인간이, 인간의 권위가 양심의 가책을 해결해 줄 수 있다는 믿음에 저항했습니다. 그리고 이는 교황의 야심과 직접 연결되어 있던 신학의 남용에 대한 저항으로 이어졌습니다(비록 루터가 처음부터 이 둘을 연결하지는 않았지만 말이지요).

루터는 자신의 신학 사상의 중심에 하느님의 자유, 우리가 보기에는 거의 제멋대로인 것처럼 보이는 그분의 자유로운 활동을 놓았습니다. 훗날 그는 자신의 신학이 어떻게 발전했는지를 기술하면서 하느님의 '의'justice를 표현하는 성서 언어를 새롭게 이해한 것이 결정적인 돌파구가 되었다고 회고했습니다. 과거에 그는 하느님께서 의로우시다는 표현을 하느님께서 죄인을 벌하신다는, 그러한 권리를 갖고 계신다는 의미로 이해했습니다. 그러나 어느 순간 (원어 성서를 접할 수 있게 됨에 따라 새롭게 발전한 성서 해석의 도움으로) 그는 하느님께서 의로우시다는 표현이 하느님께서 우리를 위해 무엇을 하시는지를 가리키는 표현임을 알게 되었습니다. 마치 우리가 성서를 통해 하느님의 지혜에 대해 들을 때 하느님의 활동이 우리를 어떻게 지혜롭게 만드는지에 초점이 맞추어져 있듯, 하느님의 의에 대해 들을 때 우리는 우리를 의롭게 만드시는 하느님의 활동에 초점을 맞추어야 한다고 그는 생각했습니다. 하느님의 의는 우리의 행동에 대한 그분의 반응이 아닙니다. 우리를 심판하실 때 적용하는 어떤 절대적인 잣대도 아닙니다. 오히려 하느님의 의는 우리의 행동과 무관한, 하느님의 자유로운 주도권을 가리킵니다. 하느님께서는 당신께서 바라시는 바를 자유롭게 하실 수 있으며 이 세상에서 그분의 자유는 당신의 활동을 통해 인간이 변화되는 방식으로 드러납니다. 루터나 다른 초기 프로테스탄트 개혁자들이 '칭의'justification를 하느님께서 태도를 바꾸시는 것으로 이해했고, 인간에게 실질적인 변화를 일으키는 것으로 보지 않았다고 이해하는 것은 이를 심각하게 오해한 것입니다. 오히려 '칭의'는 하느님께서 자유롭게 활동을 펼쳐나가시는 자리로 우리가 변화한다는 것을 가리킵니다. 어떠한 존재에게 자극을 받아서, 혹은 어떤 존재에 얽매여서가 아니라 무조건적 사랑으로 하느님께서는 공허하고 혼돈에 휩싸여있는 피조물에 들어오셔서 그곳에서 당신을 하느님으로 드높이십니다.[7]

이러한 맥락에서 루터가 열정적으로 십자가의 중심됨을 강조했다는 것은 그리 놀라운 일이 아닙니다. 십자가 사건만큼 창조 세계의 비참함, 인간의 지성과 미덕이 완전히 실패로 돌아가고 하느님의 '낯선 활동'을 온전히 볼 수 있는 곳은 없으니 말이지요. 루터는 어떤 외적 조건과도 무관하게 하느님께서 하느님이 되시는 그분의 절대적인 자유를 알 수 있는 일은 십자가 사건 외에 없다고 단언했습니다. 우리가 해야 할 일을 전혀 하지 않는 순간, 공허한 지옥과도 같은 현실에 매인 순간 하느님께서 우리를 위해 망설임 없이 자유롭게 활동하셔서 당신을 드러내심을 십자가 사건이 보여준다고, 우리는 이를 깨닫고 신뢰해야 한다고 그는 역설했습니다.[8] 루터에 따르면

---

[7] 가장 중요한 문서 중 하나는 루터의 라틴어 저작 서문으로, 바이마르 판 루터 전집 185~186에 수록되어 있습니다. Gordon Rupp, *The Righteousness of God: Luther Studies* (London, Hodder and Stoughton, 1953) 이 책은 광범위한 개관을 제공하는 획기적인 저작입니다.

[8] 따라서 루터는 1518년 하이델베르크 논쟁에서 십자가 사건을 통해 하느님을 만나는 것의 중심성을 옹호합니다. 즉 성육신한 하느님이 경험하신 유기와 수난을 통해 하느님을 만나는 것입니다. 또한 1522년에 쓴 편지에서 그는 영적인 '거룩한 탄생'과 죽음

오직 하느님 때문에 우리는 그분 앞에 설 수 있습니다. 그리스도 안에서, 그리스도를 통해 그분은 이 세상에 오셔서 모든 책임을 짊어지셨습니다. 이러한 과정은 인간의 어떤 공로도 열망도 필요로 하지 않습니다.

이를 따라 루터는 이전에 당연시되는 것과는 전혀 다른 방식으로 교회를 정의했습니다. 종교개혁 초기 루터를 상대한 가장 학식 있던 로마 가톨릭 교회의 비판자였던 카예탄Cajetan 추기경은 루터의 신학이 '새로운 교회'를 이야기하고 있다는 사실을 발견했습니다. 루터가 관례를 따라 교회의 권위에 호소하는 전통적인 문제 해결 방식을 받아들이지 않았기 때문입니다.[9] 그는 눈에 보이는 교회의 어떤 요소도 하느님의 약속과 활동을 보증할 수 없다고 이야기했습니다. 그렇게 된다면 하느님의 자유가 어떠한 방식으로든 교회의 행동과 결정에 매여 있는 것처럼 보일 수 있기 때문입니다. 물론 교회는 성사적 공동체sacramental community로 남습니다(사람들이 루터의 저작들을 읽을 때 자주 오해하는 것은 그가 성사에 대한 기존의 생각을 통째로 거부했다고 보

과 지옥이라는 경험의 연결에 주목합니다. Rowan Williams, *The Wound of Knowledge: Christian Spirituality from the New Testament to St John of the Cross* (2nd edn, London, Darton, Longman and Todd, 1990), 7장 및 Alister McGrath, *Luther's Theology of the Cross* (Oxford, Blackwell, 1985)를 참조하기 바랍니다. 『루터의 십자가 신학』(컨콜디아사) 하이델베르크 논제는 Library of Christian Classics, *Luther: Early Theological Works* (London, SCM Press, 1962)에 수록되어 있습니다. 『루터 : 초기 신학 저술들』(두란노아카데미)

[9]   Daphne Hampson, *Christian Contradictions: The Structures of Lutheran and Catholic Thought* (Cambridge University Press, 2001), 57을 보십시오.

는 것입니다). 즉 교회는 구체적인 행동을 중심으로 모이는 장소입니다. 이 구체적인 행동을 통해 교회는 하느님의 약속이 현재에도 유효하다는 사실을 선언합니다(여기서 루터는 세례와 성찬례의 증언에 덧붙여 하느님의 활동에 대한 선포로서 '설교'를 이야기했습니다). 그러나 그 유효함은 인간이 어떤 말을 하느냐, 어떻게 행동하느냐에 달려 있지 않으며 공동체가 (모든 것의 바탕이 되는) 그리스도의 말씀을 증언할 때 말씀이 그곳에 임함으로써 이루어집니다. 루터에 따르면 '가톨릭' 교회, 즉 보편교회는 오직 그리스도께서 약속하신 바를 말하고 듣는 모임입니다.

루터의 이러한 교회 이해 및 주장이 교회가 본질적으로 법률적 질서를 세우는 또 다른 국가이자 체제, 혹은 법률적 질서의 보증인이라는 중세의 교회 이해 및 주장을 결정적으로 약화시킨 것은 분명합니다(이는 16세기가 시작된 지 얼마 되지 않아 일어났습니다). 그러나 사실 문제를 이러한 방식으로 서술하는 것은 당시 세계의 특징을 좀더 깊게 살피는 데에는 별다른 도움이 되지 않을 뿐만 아니라 루터의 신학을 희화화하는 것이 될 수도 있습니다. 좀 더 중요한 것은 루터의 이해가 '틈' 속으로 몰린 교회를 이해할 수 있게 해주었다는 것입니다. 이는 교회 공동체는 사회 주변부로 밀려나 예배와 말씀 선포에만 골몰하고 사회, '바깥' 세계는 따로 돌아간다는 이야기가 아닙니다. 루터의 이해대로 그리스도인이 하느님의 활동이 일어나는 터라면 이제 하느님께서는 그리스도인들의 능동적인 섬김 가운데 온 세상을 향해 끊임없이 활동하실 것이라고 기대할 수 있습니다. 그리고 그 섬김은 그리스도를 닮아가는 방식으로 이루어집니다. 하느님께서 자신을 받아주시지 않을 수도 있다는 두려움, 강박에서 해방된 인간은 어떠한 근심도 없이 모두를 섬기는 존재가 될 수 있습니다. 그러므로 루터의 신학이 윤리 문제를 교회의 근본 관심에서 제외했다는 주장, 혹은 루터의 신학에서 인간의 정치, 덕과 복음은 아무 상관이 없다는 주장은 그의 신학을 왜곡하는 것입니다. 훗날 루터가 때때로 덕을 하느님의 거룩한 활동의 기초로 간주하는 일, 성직자가 정치 권력을 행사하는 일을 강하게 거부해 오해의 여지를 남겼다고 할지라도 말이지요.[10]

루터의 관점에서 교회는 다른 무엇보다 세례 받은 이들의 공동체입니다. 여기서 세례를 받는다는 것은 어떠한 대가를 요구하거나 바라지도 않고 활동하시는 하느님의 증인이 된다는 사실을 뜻합니다. 이를 바탕으로 루터는 몇몇 신학이 교회가 교회로서 존재할 수 있는 근거를 무효화 한다고 주장했습니다. 그가 보기에 최고 정무관이 지

---

[10] 햄슨은 루터가 성품이 어떤 행위의 도덕적 성격을 결정한다고 보는 점에서 일종의 덕윤리virtue ethics를 이야기했다고 올바르게 지적합니다. 그리고 이러한 맥락에서 신학은 윤리를 판단할 수 있습니다(윤리가 신학을 판단할 수는 없습니다). 대부분의 가톨릭 신학자들이 루터의 단호한 변증법적 방법론에 동의하지 않았다고 하더라도, 또 루터교적 경건이 역사적으로 제대로 드러나지 못했다고 하더라도, 루터교 신학이 덕에 관한 모든 정의에 적대적이었다고 결론을 내릴 수 있는지는 의문입니다. 분명 덕이 칭의를 끌어내지는 않습니다. 그러나 의롭게 여김을 받은 사람의 섬김을 통해 그리스도의 활동을 식별할 수 없다고 할 수는 없습니다.

배하는 성직자 계층에 중점을 두고 교회를 정의하는 방식은 분명 이치에 어긋나는 것이었습니다. 하지만 그는 공적 삶에서 분리된, 엄격한 행동 조건을 부과하는 공동체로 교회를 정의하는 것 또한 잘못되었다고 생각했습니다. 의식적인 신앙의 결단을 해야 한다는 이유를 들어 유아 세례를 거부한(루터에게 이는 하느님에게 특정 조건을 제시하는 일로 보였습니다) 공동체, 하느님에 대한 특정 체험을 기준으로 신자와 비신자를 가르는 공동체도 그가 보기에는 교회가 아니었습니다. 그렇기에 루터는 교황이 이끄는 교회를 적대시한 만큼 급진적인 종교개혁자들도 적대시했습니다. 그들 또한 하느님의 자유에 한계를 정한다고 생각했기 때문입니다. 이러한 집단은 하느님의 활동을 모든 것의 근거로 삼는 공동체, 하느님의 활동에 초점을 맞추는 공동체가 아니라 자신들의 생각, 눈에 보이는 요소, 즉 구별되는 행위나 특별한 감정을 중심으로 모인 공동체라고 루터는 판단했습니다. 그리고 이는 그가 보기에 교회가 자신의 차별성과 정당성을 주장하기 위해 하느님 이외의 대상에 호소할 수 있다는, 우상 숭배적인 사고를 다시 도입하는 것에 지나지 않았습니다. 루터는 급진적인 종교개혁자들의 주장을 교회를 또 다른 엘리트 조직으로 세우자는 주장으로 여겼습니다.

여러 개혁교회가 주로 고민한 문제들은 강력하고도 문제의 소지가 있는 이 첫 번째 원리에서 나왔습니다. 루터가 보기에 교회는 성직 엘리트의 영지領地가 아니었고, 따라서 '세속의' 관리들이 교회를 치리government하는 것은 큰 문제가 되지 않았습니다. 그의 관점에 따르면 이들은 교회 바깥에 존재하는 이들이 아니라, 교회에 속한 구성원으로서 특별한 소명을 받은 사람이었기 때문입니다. 이에 따라 루터파 교회에서는 교회의 외적 문제를 관리하는 평신도 통치자의 소명을 지지하는 교리가 발전했습니다. 잉글랜드 종교개혁자들은 이 문제를 한층 더 부각했으며 구약성서가 묘사하는 이스라엘 왕들의 역할을 근거 삼아 왕의 통치를 정당화할 수 있었습니다.[11] 그러나 이는 통치자가 프로테스탄트 종교개혁의 내용에 공감하는, 교회의 신뢰할 만한 구성원이라는 것을 전제로 했습니다. 왕이신 그리스도의 통치를 직접 행사하는 신앙인들의 교회 공동체라는 교회상을 강력하게 변호하던 칼뱅파는 자유롭게 세속 지배자들에게 그 책임을 물을 수 있었습니다. 교회가 회심하지 않은 통치자의 지배를 받아들이면 하느님의 자유를 온전히 증언할 수 없다고 여겼기 때문입니다. 하느님께서 피조물의 생과 사를 예정하신다는 칼뱅Jean Calvin의 신학 또한 하느님의 절대 자유, 우리의 구원을 위해 활동하시는 하느님의 자유에 대한 신뢰에서 자연스럽게 도출된 이론이었습니다. 그렇다

---

[11] 잉글랜드 종교개혁의 발전에 관해서는 다음의 저작을 참조하십시오. Diarmaid MacCullough, *Tudor Church Militant: Edward VI and the Protestant Reformation* (London, Allen Lane, 1999), 특히 14~20. 앞서 언급한 오즈먼트의 책 6장 '루터의 정치적 유산'Luther's Political Legacy도 유용한 길잡이를 제공합니다.

면 하느님의 선택을 받지 않은 통치자나 통치계급에게는 어떠한 권위가 주어질 수 있을까요? 이 문제와 관련해 칼뱅파 교회는 다양한 방안을 제시했습니다. 그들은 우선 선택받은 자들이 '개혁되지 않은' 정치 권위에 맞서 싸울 수 있으며 무력을 사용할 수 있다고 변호했습니다. 다른 한편으로 그들은 성서에서 구체적 행실을 규정하는 조문을 만들었고 이를 법제화하기 위해 노력했습니다.[12] 이러한 모든 시도의 중심에는 종교개혁의 기본원리가 자리 잡고 있습니다. 즉 교회는 하느님의 자유를 증언해야 하며, 한편으로 그 자유의 증언 여부로 교회의 참됨 여부를 식별할 수 있다는 것입니다. 이러한 원리는 종교개혁에 공감하더라도 정부에 대한 태도가 달라질 수 있게 했습니다. 이렇게 중세 말 넓은 정치 위기를 배경으로 일어난 신학 혁명은 교회가 어떻게, 그리고 왜 다르냐는 문제에 관한 논의 전체를 재개했습니다.

이러한 논의가 교황제 교회papal church에 어떠한 영향을 주었는지에 관해서는 더 길고도 세부적인 고찰이 필요합니다. 여기서는 일단 종교개혁 이후 교황제 교회 역시 교회의 '차이'라는 동일한 문제에 직면했다는 점만을 강조해두려 합니다. 중세의 종교-정치간 합의가 결렬된 이상, 그러한 체제가 더는 당연시되지 않게 된 이상, 교회가 더

---

[12] 1570년대와 80년대 청교도 진영의 대표적 신학자였던 토머스 카트라이트Thomas Cartwright는 나중에 캔터베리 대주교가 된 위트기프트Whitgift와 이 문제를 다투었습니다.

는 이전처럼 통치의 정당성을 보증하지 못하게 된 이상 교회는 자신의 신뢰도에 의존해야 했고 이는 특정한 기준과 요건을 강화하는 방향으로 나아갔습니다. 로마 가톨릭 종교개혁은 교구 성직자와 여성 수도회를 강력하게 통제하고 표준화된 성직자 양성을 강화하는 방식으로 이루어졌습니다. 또한 군주의 법적 정당성을 판단하는 주체로서 교황의 역할을 회복하기 위해, 그것을 다시 주장하기 위해 상당한 노력을 기울였습니다(교황 비오 5세Pius V가 엘리자베스 1세를 파문하고 그녀에 대한 잉글랜드 백성의 충성 의무를 면제한 것은 가장 극적인 사례라 할 수 있습니다).*

아이러니하게도 트리엔트 공의회 이후 새로이 등장한 로마 가톨릭 질서의 효과, 즉 전례 없이 중앙집권화된 교회와 잘 훈련받은 전문 성직자 집단이 출현한 결과, 로마 가톨릭 교회는 신생 유럽 국가들의 권력자들과 더 분명한 거리를 두게 되었습니다. 17세기 중반 교황 중심 로마 가톨릭 교회papal catholicism는 유럽(특히 중부 유럽과 동부 유럽)에서 인상적이라 할 수 있을 정도로 교세를 회복했음에도 불구하고 정치 영역에서 달라진 지위까지 바꾸지는 못했습니다. 즉 로마 가톨릭 교회는 몇몇 합법 종교 중 하나에 불과하다는 현실을 받아들여야 했습니다. 이론상 교회는 지속해서 종교적 다원주의에 반대했지만 실제로는 달라진 종교 환경에 적응하기 위해 자신의 독특한 정

---

* 이 사건은 교황이 세속 통치자에 대해 내린 마지막 제재다.

체성을 세우고자 분투했습니다. 16세기에 프로테스탄트주의와 '세속' 권력에 맞선 로마 가톨릭 주의는 그들과 뚜렷하게 대비되는 일련의 표지를 보존했습니다. 그러나 좀 더 넓은 차원에서 로마 가톨릭 교회는 프로테스탄트 공동체들과 마찬가지로 '틈' 속에서 살아가는 데 익숙해져야만 했습니다.[13] 현실과 일관성을 갖고 유지되던 신학 언어의 불협화음은 끊임없이 로마 가톨릭 교회를 압박했고 마침내 제2차 바티칸 공의회에서 로마 가톨릭 교회는 총체적으로 자기 자신을 성찰했습니다. 이 공의회를 통해 로마 가톨릭 교회는 비로소 단일한 정치 사회에서 자유롭게 존재하는 신앙 체계의 복수성, 다원성을 신학적으로 완전히 받아들였습니다.[14] 프로테스탄트 공동체들과 마찬가지로 로마 가톨릭 교회도 정당성을 다르게 다룰 수 있게 해주는 사회의 틈 속에 자리를 잡았다는 사실을 인정한 것입니다.

몇 가지 주제들에 관해서는 뒤에서 좀 더 살펴보도록 하겠습니다. 여기서 요점은 서방 그리스도교 세계 전체가 16세기에 다시 촉발된 논점(무엇이 교회를 교회로 만드느냐는 질문)을 두고 숙고했다는 점, 교회의 정체성을 '낯설게 하는' 작업을 진행했다는 사실입니다. 초대 교회를 연구할 때와 마찬가지로 종교개혁사를 연구한다고 해서 교

---

[13]   다음을 보십시오. John Bossy, *Christianity in the West 1400~1700* (Oxford University Press, 1985), 153~161.

[14]   요한 23세의 회칙 「지상의 평화」Pacem in Terris(1963)와 공의회의 사목 헌장 「기쁨과 희망」Gaudium et Spes은 준거의 틀이 전환하고 있음을 보여줍니다.

오직 은총 - 종교개혁 시대의 지속성과 새로움

회에 대한 우리의 전망을 새롭게 세울 수 있도록 도와주는 어떤 권위 있는 모범을 발견할 수는 없습니다. 다만 종교개혁사는 교회의 정체성에 관한 물음이 어떠한 상황에서 제기되는지를, 그리고 이와 관련하여 제시된 신학적 자원을 우리에게 가르쳐주고 제공합니다. 지금까지 살펴본 대로 교회가 하느님께서 자유롭게 주시는 활동에 근거한 공동체라는 믿음은 다양한 방식으로 재구성된 지역 교회를 치리하는 원리가 되었습니다. 그러나 우리는 존속하는 로마 가톨릭 교회를 포함해 프로테스탄트 종교개혁에 동조하지 않은 이들은 모두 이러한 원리에 동의하지 않았다고 섣불리 판단해서는 안 됩니다. 루터는 이미 세례라는 명시적 행위 이외에 또 다른 근거를 주장하는 교회론의 모호함을 인지하고 있었습니다. 그리고 트리엔트 공의회를 통해 새롭게 활기를 되찾은 로마 가톨릭 교회와 수도회들은 모든 것에 우선하는 하느님의 은총이 단순히 현존하는 질서를 정당화하지만은 않음을, 이를 강조하기 위해서는 좀 더 역동적인 틀이 필요함을 암묵적으로 받아들였습니다.

또한 중세 그리스도교 신심을 와해시키는 움직임이 루터교회, 개혁교회뿐만 아니라 로마 가톨릭 교회 안에서도 진행되었음을 염두에 둘 필요가 있습니다. 1장에서 언급한 바 있는 미셸 드 세르토는 당시 로마 가톨릭의 상상력이 어떠한 방식으로 신앙인의 자기 인식self-awareness, 나아가 근대의 자아상self-image의 특징적인 면모를 구성하기 시작했는지 규명했습니다. 특히 '신비주의'mysticism라 불리는 로마 가톨릭 종교개혁 시기 등장한 주요 문헌들, 특히 아빌라의 테레사 Teresa of Avila나 십자가의 요한John of the Cross과 같은 스페인 가르멜회 저술가들은 모두 극도로 불안정하고 불완전한 인간의 자아, 그러한 자신을 표현하기 위해 고군분투하는 자아를 묘사합니다. 그들은 모두 이러한 자아를 지닌 인간은 이 세상에 정착할 수 없는 '고향을 잃은 존재', 이 세상에서 완전한 만족을 누릴 수 없고 온전함에 이를 수 없는 존재임을 지적했으며 이러한 과정으로 인간을 유도하는 모든 느낌과 생각을 철저하고도 냉정하게 검토해야 한다고 주장했습니다. 이들의 저작에서 신앙이란 인간이 자신의 자아가 하느님 안에서만 안식을 찾을 수 있음을 깨닫게 되는 과정으로 그려지며, 세속적인 성공이나 안정은 저 신앙, 세계의 깊은 차원에 있는 정박지에 머물게 되는 것과는 아무런 관련이 없습니다. 이는 신앙이란 전적으로 낯선 하느님의 활동, 그분의 주도권을 받아들이고 이를 자신의 삶에 뿌리내리게 하는 것이라는 루터의 생각과 크게 다르지 않습니다. 그러나 세르토가 지적하듯 하느님의 낯선 사랑이 저 그림에서 제거된다면 남는 것은 끊임없이 욕망하나 영원히 만족하지 못하고 자신의 머물 곳을 상실한 근대적 자아뿐입니다.[15]

---

15 Michel de Certeau, *The Mystic Fable. Volume One. The Sixteenth and Seventeenth Centuries* (University of Chicago Press, 1992), 188~200, 292~299.

이는 우리가 앞서 살펴본 과정에서 한 걸음 더 나아간 것이라 할 수 있습니다. 여기서 그리스도교 정체성의 핵심은 모든 인간 현실의 중심에 어떤 결핍이 있다는 강력한 회의주의처럼 보입니다. 이는 앞서 살펴보았던, (수 세기 전) 아우구스티누스가 분명하게 바라보았던 전망이 근대 초기의 사회적 소용돌이 속에서 결실을 보게 된 것이라 할 수 있습니다. 교회라는 눈에 보이는 제도가 보증하는 신성한 질서라는 관념이 사라지자 그 여파는 사회뿐만 아니라 개인에게까지 닿았습니다. 이 시기부터 일어난 지적 발전은 모두 사회적인 차원에서 일어나는 권위의 침식으로 인한 불안, 인간 자신에 관한 앎과 자유를 떠받치는 굳건한 토대를 찾으려는 끊임없는 몸부림과 연관이 있습니다. 생각하는 자아에 대한 데카르트Descartes의 깨달음, 보편 이성universal reason에 호소하는 계몽주의의 등장, 우리가 무언가를 사고하고 평가할 때 당연시하는 것은 무엇이고 그렇지 않은 것은 무엇인지에 대해 체계적인 지도를 만들려 했던 임마누엘 칸트Immanuel Kant의 작업 등 사례는 무수히 많습니다. 근대 후기 사상가들은 이러한 시도들에 반기를 들며 자아와 자아의 확실성, 자유, 연속성의 토대를 모두 해체했습니다.

루터와 두 가르멜회 수도자들이 이미 보여주었듯, 그리고 그 전에 아우구스티누스가 보여주었듯 이러한 이야기는 이미 과거에 등장한 바 있습니다. 최악을 상정할 때, 인간 현실의 핵심에 근본적인 허무가 자리하고 있다고 볼 때, 자아에 어떠한 연속성을 뒷받침하는 원리도 진실성도 없다고 볼 때, 바로 그때, 그곳에서 하느님의 선물이라는 낯선 주장이 그 의미를 분명하게 드러낸다는 이야기 말이지요. 그러나 이제 이 이야기는 새로운 위상을 갖게 되었습니다. 그리스도인의 정체성과 교회의 정체성의 문제는 그 전에 결코 없던 방식으로 인간의 정체성에 관한 문제와 함께 다루어지게 되었습니다.

이를 두고 서방 그리스도교 세계가 마침내 지적인 측면에서 커다란 위기에 봉착하게 되었다고 보는 것은 어떤 면에서는 점잖은 표현입니다. 그림자는 처음부터 따라다니고 있었습니다. 루터가 복음서의 명령을 공적·사회적 삶으로 구현하기 위해 분투했지만 잘 이루어지지 않아 혼란스러워했다는 사실은 오늘날 우리에게 중요한 점을 가르쳐 줍니다. 그는 교회가 사회의 경찰이 아님을, 국가의 법률은 신앙인들의 공동체가 그리스도를 닮게끔 강제할 수 없음을 분명히 했습니다. 사회 및 국가의 의의와 기능은 기껏해야 구성원들이 상대적으로 덜 악한 것을 추구하게 하며 갈등을 해결할 수 있게 하는 정도라고 말했습니다. 현실에 대한 비극적인 인식에서 나온 일종의 실용주의를 주창한 셈입니다. 그러나 루터는 신앙인 개인을 진실로 세상을 향해 그리스도의 섬김을 구현하는 참되고 자유로운 행위자로 보면서도, 동시에 하느님께서 (참된 신앙인으로만 이루어져 있지 않은) 전체 사회에 당신의 뜻이 이루어지기를 바라시며 이를 강제하는 방식으로 활동하신다고 생각했습니다. 이러한 생각은 17세기 잉글랜드에서 흥미로운 방식으로 다시 등장했습니다. 성공회 변증가 랜슬럿 앤드류스Lancelot Andrewes*와 같은 이들은 성직자에게 정치 권력을 행사할 권한을 주는 (그리고 당시 상황을 염두에 둔다면 현존하는 정치 권력을 전복할 권한을 주는) 로마 가톨릭의 사고를 비판하며, 자신의 손을 피로 물들이지 않는 잉글랜드 개혁교회the English Reformed Church*가 도덕적으로 더 우월하다고 주장했습니다. 그러나 동시에 그들은 반체제 인사들에 대한 국가의 폭력(고문과 처형)을 거침없이 옹호했습니다. 논증들 사이에서 무언가가 표류하고 있었습니다.[16]

사회의 틈으로 들어간 교회는 현존하는 정치 체제가 행하는 모든 것을 수동적으로 승인하는 듯했습니다. 특히 정치 체제가 '신앙생활'을 추구하는 교회의 권리를 가로막지 않는다면 말이지요. 이처럼 세상의 모든 정박지에서 신앙하는 자아를 끊어버린 시도는 현실에 안

---

[16] 화약 음모 사건Gunpowder Plot을 기념하며 반역자들에 대한 극형을 옹호한 앤드류스의 설교와 가령 1615년 성령강림주일에 행한, 유려한 표현으로 교회의 물리력 행사를 거부하는 그의 설교는 대조를 보입니다. 'Sermon VIII of the Sending of the Holy Ghost', *Ninety Six Sermons* (Oxford and London, James Parker, 1874), 245~264.

* 랜슬럿 앤드류스(1555~1626)는 잉글랜드 성공회 주교이자 신학자다. 케임브리지 대학교에서 공부하고 웨스트민스터에서 주임사제를 지냈으며, 국왕 제임스 1세의 신망을 얻어 치체스터와 일리의 주교를 역임하고 1619년에는 윈체스터의 주교가 되었다. 리처드 후커, 조지 허버트 등과 교류하였으며, 언어에 대한 뛰어난 재능으로 킹 제임스 흠정역 성서 번역 작업에 참여하며 특히 오경와 역사서 번역에 크게 기여했다. 그는 지성에 바탕을 둔 신학을 옹호하였으며, 청교도의 엄격함에 맞서 이성적이고 가톨릭적인 형태의 성공회 신학을 형성하는 데 영향을 주었다. 당대에는 탁월한 설교자로 명성을 얻었다.

* 로완 윌리엄스는 종교개혁 시기의 초기 성공회를 '잉글랜드 개혁교회'라고 지칭한다.

주하는 문화와 완고한 형식주의를 야기할 가능성을 남겼으며 실제로 그렇게 되었습니다. 루터를 비롯한 프로테스탄트 종교개혁자들은 중세에 과도하게 불어난 '종교적' 의무들을 거부하면서 가난한 이들에 대한 자선과 사회적 지원에 대한 기본적인 명령까지 반대했습니다. 중세의 그리스도교 신심은 (가족 구성원에 대한 책임을 포함한) 인간의 의무와 하느님께서 기쁘게 여기실 법한 의례적 실천의 경계를 흐릿하게 만들었다고 보았기 때문입니다. 그러나 다수의 사람은 이러한 종교개혁자들의 이야기를 최소한의 의무만 하면 된다는 식으로 받아들였습니다. 역사적으로 프로테스탄트 교회는 영국과 독일, 그리고 각지에서 무비판적으로 국가주의 · 민족주의와 결탁했으며, 억압적인 체제에 순응하며 가부장적이고 엘리트주의적인 태도를 견지하는 등 당혹스러운 모습을 보이곤 했습니다. 너무나 많은 독일 루터교인이 1930년대 국가가 나치즘이라는 야만에 굴복하는 모습을 바로 눈앞에서 보면서도 그저 가만히 서 있기만 했습니다. 1950년대에는 무수한 이들이 냉전의 수사에 휘말려 핵무기 경쟁에 반대하는 신학 논증을 제기하던 칼 바르트와 같은 이들을 강하게 비난했습니다.[17] 성공회 신자들은 대영제국The British Empire의 패권이 하느님의 섭리에 따른 것이라고 옹호하며, 1차 대전 시기 최악의 반反독

---

17 Rowan Williams, 'Barth, War and the State', *Reckoning with Barth. Essays in Commemoration of the Centenary of Barth's Birth* (Oxford and London, Mowbray, 1988), 170~190을 보십시오.

일 선동을 이끌었습니다.[18] 당시 프로테스탄트주의는 사람들이 사회와 정치 영역에서 안전지대로 숨는 것을 정당화하는 논리가 되었습니다. 하느님 앞에서 루터가 경험한 극도의 두려움과 철저한 신뢰는 매우 아이러니한 결과를 낳았습니다. W. H. 오든W.H. Auden*이 쓴 소네트 「루터」Luther는 이러한 아이러니를 탁월하게 포착해냈습니다.

천둥 앞 곧추선 양심으로써

바라본 악마는 바람 스치며

종소리 울리는 첨탑 위에서

범죄한 수녀 사제 희롱하였네.

무엇이 재앙을 막아주리오

오류의 가시밭 끊어내리오

육신은 주인을 물어뜯으며

---

18 1896년 멘델 크레이턴은 썼습니다. "잉글랜드 성공회는 미래의 세계가 의지할 세대를 훈련하고 있다는 사실에 자부심을 느낀다." Louise Creighton, *Life and Letters of Mandell Creighton*, vol. II, 175. 또한 같은 책 396쪽에서 그는 "나는 거룩한 교육을 위해 이보다 더 좋은 곳은 없다고 생각한다"고 말합니다. 이외에도 사례는 수없이 많다. 1차 세계대전에 대한 잉글랜드 성공회가 어떻게 반응했는지를 보기 위해서는 다음을 참조하십시오. Alan Wilkinson, *The Church of England and the First World War*(London, SCM, 1996) 특히 217쪽. 위닝턴 잉그램Winnington Ingram 주교는 "선한 독일인이든 악한 독일인이든 세계의 문명을 살리기 위해서는 모든 독일인을 죽여야 한다"는 악명 높은 설교를 했습니다.

* 위스턴 휴 오든(1907~1973)은 영국 태생의 미국 시인이다. 작품을 통해 사회적·정치적 현실을 신랄한 어조로 풍자하곤 했으며 도덕, 사랑, 종교 등 여러 가지 주제를 다양한 어조와 형식에 담아내었다.

세상은 제 자녀 삼켜버리지

심판의 도화선 타오르리니

해충들 집채로 게워내소서.

공로도 성덕도 구원 못 하나

믿음만 살리노라 울부짖었네.

사람들 모두는 기뻐했네.

애당초 두려움, 걱정 해봤어야지.[19]

무엇보다 종교개혁자들은 사람들이 교회가 세상의 다른 세력과 경쟁하는 또 다른 세력이라는 생각을 떨쳐내기를 바랐습니다. 교회의 참됨, 진정성은 이 세계에서 자신의 영역을 지키는 힘에서 나오는 것이 아니라, 새로운 것을 빚어내시는 하느님의 창조 활동을 충실하게 따르는 데서 나온다고 보았기 때문입니다. 이를 위해 그들은 인간이 만든 제도 및 체제에 도전할 수 있는 교회의 자유, 하느님께 대한 감사와 찬미의 감각을 유지하게 해주던, 오랜 기간 수고를 기울여 지속해온 의례와 기도의 관행을 약화시켜버리는 대가를 치렀습니다. 그리고 이는 종종 정치 영역에서 체제에 비판 없이 굴종하

는 교회, 부르주아적이고 절실함 없는 신심이라는 아이러니한 결과를 가져왔습니다. 한편 로마 가톨릭 교회는 교회의 구별됨을 각국의 관습과 성직 권위의 대립으로 보는 옛 신념을 보완하는 방식으로 나아갔습니다. 그러나 이러한 반응은 교회의 '차이'를 드러내는 것을 세속 사회에 대한 일종의 원한 감정을 가지고 사회 영역에서 최대한의 공간을 차지하려는 투쟁처럼 보이게 했습니다.

프로테스탄트와 로마 가톨릭 진영 모두 앞 장에서 논의했던 다른 '주권'과 관련된 교회의 독특함을 온전히 포착하지 못했습니다. 어떠한 진영에 속해 있든 우리는 이 문제와 관련해서 자신을 방어하려고 하면 안 됩니다. 종교개혁과 이후 역사는 교회의 역사를 교회가 자신을 추상적으로 성찰한 이야기 수준으로 기술할 수 없음을 보여줍니다. 사회 전반을 이루는 복잡한 이야기들이 교회를 향해 이전에는 제기되지 않았던 질문을 던질 때 교회는 이를 두고 성찰해볼 수 있게 해주는 많은 자원을 갖추고 있습니다. 그러나 근본적으로 교회는 어떠한 전략을 대안으로 제시할지, 그러한 대응으로 인해 장기적으로 치러야 할 대가가 무엇인지 말해줄 수 없습니다. 생태계와 마찬가지로 우리는 어떠한 변화를 주었을 때 그것이 어떤 효과를 만들어낼지 알지 못하기 때문입니다. 의도하지 않은 결과가 언제나 우리를 기다린다는 점에서 우리의 이야기에는 비극적인 면이 있습니다. 그러나 인간의 말과 행동이 대체로 상황에 담긴 전체 의미를 담아내지 못하거나 잘못 표현함을 일깨우는, 우리가 아이러니라고 부르는 비극적인 전망에 대해 보완책을 제시하는 것만으로도 교회는 오늘날 여전히 위기와 관련해 무언가를 말할 수 있습니다.

III

지금까지 다루었던 종교개혁이라는 넓은 그림을 염두에 두고 잉글랜드 종교개혁의 한두 가지 지점을 잠시 살펴보도록 합시다. 이를 통해 우리는 앞서 언급한 종교개혁의 명암과 관련해 당시 종교개혁자들이 본래 정신의 왜곡, 혹은 오해에 맞서기 위해 어떠한 자료들을 활용했는지를 알 수 있습니다. 잉글랜드 종교개혁 초기에 활동했던 인물인 윌리엄 틴들William Tyndale은 '이신칭의'justification by faith가 어떻게 도덕적이고 정치적인 의제를 구성하는지 (대단히 독특한 방식으로) 이야기했습니다.[20] 그리고 16세기 후반에 활동했던 신학자 리처드 후커Richard Hooker는 종교개혁 원리의 논리적 귀결처럼 보이면서 실제로는 종교개혁의 본래 의도를 약화시키던 교회론을 식별하고 이를 반박하기 위해 분투했습니다.[21]

---

[20] David Daniell, *William Tyndale: A Biography* (New Haven and London, Yale University Press, 1994) 특별히 7장과 9장을 주목해 볼 필요가 있습니다. 또한 *The Obedience of a Christian Man* (London, Penguin, 2000), xxv~xxix에 수록된 저자의 서문을 참조하십시오.

[21] 나이젤 보크Nigel Voak가 *Richard Hooker and Reformed Theology* (Oxford University Press, 2003)에서 제시하듯 후커가 철저한 '개혁주의' 신학자였다고 말하려는 것은 아닙니다. 그의 은총에 관한 견해는 당시 개혁주의자들과는 거리가 멀었습니다. 그러나 교회론에 있어 그는 주류 개혁주의 입장을 견지하고자 했습니다. W. J. Torrance Kirby, 'Richard Hooker

그리스도인으로 살아간다는 것이 본질적으로 그리스도라는 실재 안에서, 새로운 현실을 통해 이 세상에서 '외국인'으로 살아가는 것이라고 이해했다는 점에서 틴들은 루터와 같은 길을 걷고 있다고 할 수 있습니다. 그는 루터의 주장을 반복해 성육신한 주님은 하늘나라의 인정을 받으려고 자비롭고, 너그러운 행동을 하시지 않았으며 용서를 베푸시지 않았다고, 그분은 이미 하늘나라에 둘러싸여 있었다고, 그리스도께서는 선행을 하심으로써 당신이 누구인지를 드러내셨다고 이야기했습니다. 그러나 여기서 틴들은 루터보다 한 걸음 더 나아갔습니다. 그는 이러한 내용이 어떻게 그리스도인의 구체적인 실천을 끌어내는지 규명하고자 했습니다. 그러한 문제의식 아래 그는 우리 안에 있는 선함은 모두 하느님께 받은 것이며 우리는 모두 근본적으로 하느님께 결코 갚을 수 없는 빚을 진 존재라고 말했습니다. 그리고 (하느님께 갚을 수 없는 빚을 지고 있다는) 이 깨달음은 우리가 소유한 모든 구체적이고 물질적인 것들에 대한 처분권을 상대화하는 행동, 특정 집단, 혹은 개인이 소유권을 주장할 때 이에 의문을 제기하는 행동으로 이어질 수 있다고 그는 보았습니다.[22] 틴들에게 교리는 그저 영적 재화spiritual goods와 관련된 가르침이 아니었습니다.

---

as an Apologist of the Magisterial Reformation in England', *Richard Hooker and the Construction of Christian Community* (Tempe Arizona, 1997), 219~233, 특히 230~231 참조.

[22] Tyndale, *The Parable of the Wicked Mammon*, the Parker Society edition of his works (Cambridge 1848), 62~70. 가난한 사람에 대한 의무에 관해서는 특히 66~67, 가깝고 먼 모든 이에게 진 '빚'에 대해서는 93~99를 참조하기 바랍니다.

우리가 가진 모든 것(우리가 가지고 있다고 여기는 모든 것)은 실제로는 우리가 다른 사람과 나누라고 하느님께서 우리에게 주신 것들이라고, 그러한 면에서 우리는 이를 필요로 하는 사람들(여기에는 이웃과 동료 시민뿐만 아니라 멀리 떨어진 지역에 사는 사람들, 심지어 우리와 같은 신앙을 공유하지 않는 이들도 포함됩니다. 바로 이 부분에서 틴들의 이야기는 논란이 되었습니다)에게 빚을 지고 있는 것이라고 그는 말했습니다. 이렇듯 잉글랜드 종교개혁이 시작될 때에는 그리스도교 정체성이 부르주아적이고 민족주의, 혹은 국가주의적으로 해석되지 않도록 하는 원리가 있었습니다. 루터와 마찬가지로 틴들은 (공적 삶을 변화시키는 대신 '전문가들의' 의례에 활력을 낭비하는) 수도원 신심을 강력하게 비판했습니다. 한편으로 사회, 가족 질서에서 개인이 해야 할 일을 프로테스탄트 사상에 걸맞게 기술하느라 지나치게 많은 시간을 들이기도 했지만, 틴들의 사상에는 기본적으로 기존의 공적 질서를 뒤흔들 수 있는 급진적 보편주의radical universalism의 요소가 들어있습니다. 그리스도인의 삶을 움직이는 근본 동인이 하느님께 대한 감사라면, 이러한 감사가 사회 전반을 채운다면 사회는 어떤 모습일지 그는 상상했습니다. 그리고 하느님께서는 우리가 이를 다른 사람들과 나눌 때까지 선물 주기를 멈추지 않으심을, 영적인 차원에서나 물질적인 차원에서나 우리가 가진 것은 모두 하느님께서 주신 선물임을 그리스도인들이 깨닫고 이를 삶에서 실현해 나간다면 영적인 것들에 대한 소유권뿐만 아니라 물질에 대한 소유권을 주장하는 소리 역시 사그라들게 될 것이라고, 선물을 주시는 하느님을 향한 감사를 통해 우리는 모든 소유와 거리를 두게 될 것이라고, 이 감사는 이 세상 재화의 악함에 대한 어떤 교리보다도 근원적이라고 그는 생각했습니다.

물론 틴들은 조직신학자라기보다는 설교자이자 도덕주의자였기에 이를 체계적으로 설명하지는 않았습니다. 그러나 우리는 그의 사상에서 종교개혁 사상에 기초한 사회윤리가 어떠한 모습을 갖출 수 있을지를 엿볼 수 있습니다. 하느님께서 우리가 이 세상에서 관계를 맺고 무언가를 하기 전에 먼저 활동하고 계신다는 신학 원리는 틴들의 사상에서 대단히 현실적인 문제와 연결됩니다. 그는 개인의 성공 및 번영이라는 구체적인 상황에서 하느님의 활동을 인식하며, 인류의 번영을 보증하는 것들은 모두 하느님께서 자신의 사랑을 전달하시는 매개이자 우리는 이를 계속 붙들지 말고 오히려 그분의 적극적인 사랑을 가리키는 징표로 살아가야 한다고 주장했습니다. 그런 것들에 집착하면서 우리의 신앙이 하느님께 달려있다고 주장하는 것은 공허하다고 틴들은 생각했습니다. 이는 하느님께서 당신이 주시는 모든 선물을 통해 적극적으로 우리 곁에서 우리와 함께 활동하신다는 사실을 부정하는 것이기 때문입니다.

틴들과 직접적인 연관을 맺고 있다고 보기는 힘들지만, 이후 프로테스탄트 종교개혁을 지지하는 저술가들도 잉글랜드 그리스도인의 의무를 공적 삶까지 확대하는 논의를 진행했습니다. 예를 들어 후커는 개혁을 거부하는 그리스도인들도 어떤 의미에서는 보편 교회에 속할 수 있다고(그러므로 로마 가톨릭 교회도 여전히 가톨릭 교회로 존재할 수 있다고) 변론해 사람들의 심기를 불편하게 했습니다.[23] 1580년대에 그는 특정한 교파적 체계를 받아들이는 것을 우리를 구원하는 믿음과 동일시하는 것은 위험하다고 설교하곤 했습니다. 그에 따르면 몸에 밴 오류와 조상 대대로 물려받은 생각 등은 하느님과 교회에 관한 우리의 의식적 사고와 믿음을 형성합니다. 그러나 그것이 신앙고백을 무효화하지는 않는다고, 그리스도께서 하신 일이 우리를 구원하기에 충분하다고 믿는 것과 그리스도교 교리의 특정 내용에 대해 잘못 생각하는 것(때로는 크게 잘못 생각하는 것)은 공존할 수 있다고 후커는 생각했습니다.[24] 여기서 그는 우리를 구원으로 이끄는 (다양한 감정, 지적 수준과 공존하면서도 온전할 수 있는) 신뢰와 의식적·무의식적으로 받아들이게 되는, 어느 정도는 나약하여 성장할

---

[23] 1586년 설교 'A Learned Discourse of Justification, Works, and How the Foundation of Faith is Overthrown', *John Keble's edition of Hooker's works* (Oxford University Press, 1841), 483~547, 특히 540~543을 보십시오.

[24] 같은 책, 518~524, 531 이하. 또한 다음 설교 'Of the Certainty and Perpetuity of Faith in the Elect', 같은 책, 469~481, 특히 470~475를 참조하기 바랍니다. "하느님의 활동에 관한 절대적인 확신이 이 세상에서 가능하다면, 우리는 이를 완전히 안다고 해서 구원받을 수는 없다고 할 수 있지 않을까요? 우리의 확신은 저 하느님의 활동에 대한 믿음을 붙잡음으로써 이루어지는 확신, 즉 참된 분일 뿐만 아니라 선하신 하느님을 향해 헌신함으로써 이루어지는 확신이라고 할 수 있습니다."

수도 퇴보할 수도 있는 정신의 습관habit of mind을 구분합니다. 엄격한 루터파나 칼뱅파가 보기에 후커의 이러한 생각은 매우 위태로운 발상이었습니다. 그러나 후커의 이야기는 종교개혁의 원리와 근본적으로 일치합니다.

지금까지 논의한 것과 관련해 후커의 신학 사상에서 눈여겨볼 두 지점이 있습니다. 첫 번째 지점은 그가 역사의 우연성을 긍정하는 신학적 자세를 견지했다는 사실입니다. 이는 위에 언급한 부분뿐 아니라 다른 부분에서도 마찬가지였습니다. 이전 세대 그리스도인들은 종교개혁 시대와는 다른 시대를 살았다고, 그들은 자신들의 습속과 관습이 도전을 받을 것이라고 상상하지 못했다고, 그 결과 그들은 16세기 프로테스탄트가 참된 교리로 간주한 것을 고백할 수 없었다고 후커는 생각했습니다. 그러므로 그들이 그리스도의 몸에 속하지 않는다거나 교회의 참된 구성원이 아니라고 한다면 이는 신학적인 초점을 완전히 잘못 맞춘 것이라고 그는 말했습니다. 우리가 구원하는 믿음을 참된 교리에 관한 인간의 의식적인 전용appropriation과 동일시한다면 구원의 주체는 하느님이 아니라 사실상 인간이 되는 것이라고 후커는 지적했습니다. 과거 그리스도인들이 얼마나 참된 신앙을 가졌는지, 얼마나 진정성 있는 신앙생활을 했는지 온전히 알 수 없음을 인정할 때 우리는 자유롭게 죄를 뉘우친 인간의 손을 잡아주시는 하느님을 신뢰하는 것과 인간이 나름대로 그러한 신뢰를 표현하고 이해하는 것을 분리해서 생각해 볼 수 있습니다. 그리고 이는 매우 중요합니다. 물론 진리와 오류, 정통과 이단의 차이를 아는 것은 중요합니다. 그러나 그것이 누군가 그리스도 안에 속하는 문제를 결정하는 것은 아닙니다.

두 번째는, 앞에서 언급한 생각을 이어가 후커는 엄격하게 성서에 바탕을 둔 원칙을 내세워 교회를 총체적으로 재구성하는 것만이 참된 개혁이라고 주장하던 청교도들의 주장은 사실상 강조점을 하느님에게서 인간으로 옮기는 것이라고 보았다는 사실입니다. 그가 보기에 성서는 교회 질서 문제에 관해 명료하고 절대적인 답을 제시하지 않았습니다. 그래서 교회는 오랜 기간 끊임없는 식별을 통해 자신의 형태를 구축해 왔습니다. 그러한 역사적 식별의 결과를 받아들이는 것은 성서를 충실히 따르는 것에서 벗어나는 게 결코 아니라고 그는 말했습니다. 잉글랜드 개혁교회는 과거 당연시되고 적법하다고 여겼던 것에 부분적인 수정을 가함으로써 이루어진 교회였습니다. 이를 거부하거나 반대한다는 것은 후커가 보기에 교회를 어떻게 정의해야 하느냐는 질문과 연관된 커다란 혼란을 또다시 감수해야 한다는 것을 의미했습니다. 그리고 이러한 맥락에서 그는 루터와 일치합니다. 즉 후커는 세례라는 교회에 속하는 시험을 제외하고 그리스도인의 진위, 교회의 진위를 가리는 모든 조건에 대해 매우 회의적이었습니다. 그렇기에 그는 하느님의 자유, 그 자유에서 나오는 활동의 우선권을 증언하는 것이 프로테스탄트의 척도라면 청교도들은 결코 프로테스탄트가 아니라며 맞섰습니다.[25]

틴들과 후커가 포괄성comprehensiveness이나 포용성inclusivity이라는 현대적 이상을 따랐기 때문에 그리스도인의 의무와 그리스도인으로 인정받는 것에 한계를 두는 특정한 방식에 만족하지 않은 것이 결코 아닙니다. 그들은 엄격했습니다. 교회에 관한 한 그들은 매우 엄격한 이해를 갖고 있었으며 오류와 거짓 교리를 논파해야 한다고 진심으로 믿었고 공격적으로 논쟁에 뛰어들었습니다. 그러나 그들은 프로테스탄트가 하느님의 낯설고 예상치 못한 활동, 그분의 주도권, 거류 외국인의 모임으로서의 교회에 대한 헌신을 강조하는 특유의 급진성을 상실한다면 얼마나 위험한 결과를 낳을지 분명하게 예견했습니다. 물론 후커 또한 양면성으로 가득했던 시대의 한계를 완전히 벗어나지는 못했습니다. 그가 남긴 저술 중 상당 부분은 엘리자베스 1세 치하에서 기획된, 청교도들에 대한 탄압을 정당화하는 정치적인 선전과 밀접한 관련이 있습니다.[26] 그럼에도 불구하고 당대 급진파로 간주되던 청교도들에 맞서 후커가 사용했던 논변 가운데 가장 인상적인 것은 다름 아닌 신앙에 관한 논변이었습니다. '신앙

---

[25] W. J. Torrance Kirby, *Richard Hooker and the Construction of Christian Community*, n.21.

[26] 이 주제에 관한 훌륭한 개관은 Patrick Collinson, 'Hooker and the Elizabethan Establishment', *Richard Hooker and the Construction of Christian Community*, 149~181을 참조하기 바랍니다.

과거의 의미 - 역사적 교회에 관한 신학적 탐구

168

을 통한 인내'에 관한 유명한 분석에서 그는 신앙을 인식 가능한 (긍정적) 정신 상태와 분리한 다음, 거의 절망적인 상황 가운데서도 하느님의 변함없는 호의를 신뢰하는 행동과 일치시킵니다. 그분의 은총을 온전히 받아들일 때까지 이러한 신뢰의 행위로서의 신앙은 끊임없이 갱신됩니다.

후커의 작업에는 나름대로 위험 요소가 있습니다. 청교도들을 향한 예리한 공격은 교회 안에서 역사적으로 깊이 뿌리내린 방식을 고민 없이 지지하는 논변으로 손쉽게 사용될 수 있으며, 그 결과 교회의 관행에 대해 충분히 숙고하지 못하게 만드는 변론으로 전락할 수 있습니다. 후커의 유산은 실제로 이렇게 활용된 경우가 많았고 이는 성공회에 결코 보탬이 되지 않았습니다. 또한 하느님 활동의 우선성에 호소하는 것은 교회의 가시적 참됨과 진정성, 즉 규율에 대한 무관심으로, 정확히는 신학에 대한 궁극적 관심 없이 오늘날 신앙에 관한 이상을 대변하기까지 하는 두루뭉술한 포용주의inclusivism로 이어질 수 있습니다. 그러나 바로 그렇기 때문에 우리는 후커와 틴들의 목소리에 귀를 기울여야 합니다. 하느님께서 주시는 선물의 모양과 특징이 우리가 지향해야 할 삶의 형태를 결정한다는 틴들의 생생한 목소리는 역사가 우리에게 가르쳐주는 인내를 강조하는 후커의 목소리를 궁극적인 차원에서 어떻게 되새겨야 할지 가르쳐 줍니다. 물론 오늘날 성공회가 보여주듯 이 양 요소를 아우르기란 결코 쉬운 일이 아니지만 말이지요.

IV

종교개혁은 '교회는 어떻게 정의될 수 있는가?'라는 기본적인 역사적·신학적 물음을 새로운 차원에 놓았습니다. 교부 시대에 신학자들이 정확하고 정밀한 교리를 만들고 이와 결합된 내적 규율을 세우며 교회를 응집시키는 데 중점을 두었다면, 종교개혁 시대에 신학자들은 훨씬 더 다양하고 미묘한 문제에 관심을 기울였습니다. 프로테스탄트는 규율과 교리가 교회를 인간 행동과 업적에 의존하도록 왜곡할 수 있다고 진단했고 이에 도전했습니다. 이 도전은 교회의 규율과 교리가 그리스도인의 말과 행동에 대한 매우 엄격한 시험, 즉 이신칭의라는 성서에 바탕을 둔 원리와 현실에서 공존할 수 있는지를 묻는 것이기도 했습니다. 또한 프로테스탄트 종교개혁자들은 그때까지 있던 위계와 권위 체계를 뒤집어놓음으로써 교회의 질서에 대한 중요한 질문을 던졌습니다. 어떠한 식으로든 기존의 규율은 도마 위에 오르게 되었으나 이로 인해 발생한 긴장을 해결하기 위해 프로테스탄트가 내놓은 대안은 (불가피하게) 불안정한 요소를 품고 있었습니다(본래 정신에 충실한 루터교회나 개혁교회 신자는 세상이 주는 안전이 아닌 다른 무언가에 기초한 삶이라면 이러한 불안정성은 감내해야 한다고 답하겠지만 말이지요). 그리고 지금까지 살펴보았듯 안전과 연속성에 관한 프로테스탄트들의 문제 제기는 보편교회에 대한 감수성에 더 없이 커다란 영향을 미쳤습니다. 좋든 나쁘든 여러 집단의 상상력들은 서로 맞물리면서 커다란 소용돌이를 만들어냈고 바로 여기서 '근대적' 자아가 탄생했습니다.

이 지점에서 신학적 관심을 가지고 봐야 할 종교개혁의 또 다른 영역이 있습니다. 그리고 이는 특히 근대 후기 교회에서 대단히 중요한 의미를 가집니다. 바로 종교개혁이 교회의 일치에 대한 믿음을 재구성했다는 것입니다. 로마 가톨릭은 종교개혁 이후 새로운 무언가를 추가하지는 않았습니다. 그러나 로마 주교와의 상통이 가능해지려면 보다 높은 수준의 순종과 중앙집권적 통제가 이루어져야 한다고 확신한 로마 가톨릭 교회는 당대인들이 체감한 것 이상으로 자신의 외적 형태를 변화시켰습니다. 물론 중세에도 성직자 집단은 국적에 좌우되지 않았으며 중앙의 권위, 보편적인 판단을 가능케 하는 단일 법정의 중요성을 의심하지 않았습니다. 한편 당시 지역 교회는 독자적인 관할권을 갖고 있었으며 전례 형태도 다양했습니다. 이러한 공존을 두고 종교개혁 이전에는 어떠한 변화를 주려는 시도도 일어나지 않았습니다. 게다가 이와는 별개로 봉건영주로서의 권력과 교구장으로서의 권위를 주장하는 주교들 곁에서 수도회는 또 다른 교회 생활의 모범을 제시했습니다. 그러나 종교개혁 이후 로마 가톨릭 교회는 더 강력한 통일의 필요성을 느꼈고 트리엔트 공의회 이후 이를 현실화했습니다.

아이러니하게도 프로테스탄트 종교개혁을 통해 나온 교회들은 수도회가 보여주었던 방식을 따르기보다는 자신을 시민적·민족적 정체성에 연결했습니다. 그 결과 프로테스탄트 교회들은 기본적으로 사목과 관행의 형태에서는 일정한 규율을 따르되 자신의 기반은 근본적으로 지역에 두고 있다고 생각하게 되었습니다. 그 결과 국경을 가로지르는 일치를 두고 다양한 태도를 지닌 신학이 등장했습니다. 앞서 보았듯 루터교인들은 교회에 속하는 단 하나의 기준이 세례 여부라고 주장하면서도 성찬례와 관련해 자신들과 다른 교리적 입장을 취하는 교회들과 성사적 상통을 공식적으로 거부했습니다. 칼뱅주의 전통을 따르는 교회들은 몇몇 교리에 관한 동의를 강제하면서도 지역 교회의 행정적 세부 사항이 다양함을 정당하게 여기고 교회 지도자들이 계도권을 자유롭게 행사할 수 있다고 인정했습니다. 루터파 교회는 교회일치 문제를 해당 지역 통치자의 권위로 해결하려는 경향을 보였고 칼뱅파 개혁교회는 일반적인 차원에서 동일한 치리 방식과 신학을 공유하는 느슨한 국제적 프로테스탄트 연대Protestant International에 의존했습니다. 잉글랜드 개혁교회는 국왕에 대해서는 뚜렷한 루터교적 태도를 견지하긴 했지만 동시에 자신을 후자와 비슷한 국제적 (연맹confederation이 아닌) 연대에 속하는 교회로 정의했습니다. 잉글랜드 교회를 분열시켰던 몇몇 첨예한 논쟁은 다른 곳에 퍼져 있는 '가장 훌륭한 개혁교회들'the best Reformed churches이 잉글랜드 교회의 규율과 사목 형태를 정말 인정할 수 있는지를 둘러싸고 일어났습니다.

잉글랜드 내전에 이르기까지, 국왕 아래 주교들에 의한 치리를 강력하게 옹호하는 이들조차 잉글랜드 개혁교회가 프로테스탄트 공동체들의 느슨한 연대에 속해 있다는 것을 당연시했습니다. 당시에는 적어도 유럽 본토에서 안수받은 목사들이 잉글랜드 교회의 성직자로 전입할 수 있었습니다.[27] 이러한 태도가 이어지지는 않았지만, 17세기 초에 대다수가 이렇게 생각하고 있었다는 사실은 이 시대 잉글랜드 성공회가 성사적 연대와 일치를 위해 무엇을 본질적인 것으로 여겼는지 생각해 보게 합니다. 당시에는 국교회에서 권위를 어떻게 구체적으로 적용할지에 대해서 격론이 오갔으나 그것이 전 세계 보편교회의 일치에 필수적인 것이 무엇인지에 관한 교리상의 논의에까지 영향을 주지는 않았습니다.

여기서 주교직의 사목적 타당성이나 주교의 본질적 역할을 두고 벌어졌던 논쟁을 다시 부추기려는 것은 아닙니다. 여기서 주목해야 할 것은 잉글랜드 성공회Church of England가 동시대 다른 프로테스탄트 교회들과 동일한 신학적 관점으로 교회의 일치를 이해했다는 사

---

[27] 이러한 사람들 가운데는 후커의 가까운 동료였던 네덜란드 신학자 하드리안 사라비아Hadrian Saravia가 있습니다. 그는 주교에 의한 교회의 치리를 받아들였으나, 이것이 반드시 주교에 의한 서품을 필요로 한다고 여기지는 않았습니다.

실입니다. 이러한 이해는 최근 성공회의 입장과는 다르며 성공회보다 유럽 본토의 프로테스탄트 교회에서 더 뚜렷하게 유지되었습니다. 이 때문에 교회일치 차원에서 성공회 신자들은 다른 프로테스탄트 신자들과 성직의 위계와 관련하여 이야기를 주고받을 때 종종 당혹감을 느낍니다. 특히 성직의 위계에 담긴 신학적 사고가 루터가 근절하고자 했던 하느님의 자유, 그분 활동의 우선성에 대한 사고와 충돌한다고 본다면 성공회와 루터교의 대화는 매우 복잡해지고 어려워질 수 있습니다. 역사적으로 양 교회가 각자 경험한 문제들이 무엇이었는지를 이해하지 않는다면, 칭의 개념의 본질에 관한 루터교회의 고민과 교회를 외적 권위에 완전히 의존하도록 내버려 둘 때 일어나는 위험성에 관한 성공회의 고민을 이해하지 못한다면 논쟁은 아무런 유익도 없이 제자리를 계속 돌게 될 것입니다.

종교개혁의 유산을 성찰하는 가운데 우리는 교회일치에 관한 몇몇 개념을 다시금 정밀하게 검토해 보아야 합니다. 오늘날 현대 로마 가톨릭 교회와 이외의 교회 모두 중세교회나 '국제적 프로테스탄트 연대'가 당연시했던 것보다 더 체계적인 연결과 통제를 암묵적으로 바라고 있지는 않은지, 이를 일치의 이상으로 여기고 있지는 않은지, 우리가 교회일치가 '유기적'으로 이루어져야 한다고 상투적으로 이야기할 때 '유기적'이라는 말은 진정 무엇을 의미하는지 숙고해보아야 합니다.

종교개혁은 교회 안에서의 일치에 관한 문제를 교회의 가시적 구조에 관한 문제가 아닌, 하느님 활동의 우선성을 증언하는 문제로 받아들일 수 있는지 우리에게 묻습니다. 물론 교회의 가시적 구조에 관한 문제 또한 우리는 신학적으로 다루어야 합니다. 그리고 성서나 성사의 중요성을 회피해서도 안 됩니다. 무게 중심을 옮겨야 합니다. 하느님의 활동을 통한 세례가 아닌 다른 지점에서 그리스도인의 일치를 찾는다면 하느님의 고유한 위치가 손상될 수 있습니다. 다시 말해 세례를 중심으로 교회일치에 접근하면 다른 문제들은 다른 방식으로 배열할 수 있게 됩니다. 세례의 의미는 오직 굳건한 삼위일체 신학의 맥락에서만 온전히 이해될 수 있습니다. 세례를 통해 얻게 되는 정체성은 그리스도를 통해 하느님께서 주시는 카리스마적 정체성이기 때문입니다. 우리는 세례를 통해 그리스도의 기도, 성서가 말하듯 영원한 원천과 맺는 영원한 관계가 꽃 피는 자리로 들어갑니다. 이는 오직 하느님께서 우리에게 은총을 불어넣어 주실 때 가능합니다. 즉 세례는 초대교회 교리 논쟁을 거치며 정교화된 신학을 이미 그 안에 담고 있습니다. 이 카리스마적 정체성을 정기적으로 갱신하는 성사로서 성찬례는 그리스도께서 서 계신 자리, 곧 그리스도의 십자가 사건과 부활 사건이라는 파스카의 신비를 통해 열린 성부 하느님과의 관계로 우리를 초대하시는 하느님을 증언합니다. 바로 이 세례와 성찬례에 관한 이해에 비추어 교회의 본질에 관해 논의해야 합니다. 세례와 성찬례는 인간의 행위로나, 본질적으로 인간이 할 수 없는 것을 증언하는 것으로, 하느님께서 주신 새로운 정체성과 관계라는 선물로 이해될 때 우리는 왜 교회의 일치를 이야기할 때 이러한 공동체적 행동들을 먼저 이야기해야 하는지 이해할 수 있습니다.

세례와 성찬례를 중심으로 교회의 일치를 말하는 것은 그리스도의 몸에 속하게 되는 것, 교회의 구성원이 되는 것이 하느님의 초대로 결정된다는 믿음과 연결되어 있습니다. 그리스도의 몸이 역사에서 분리된 관념적인 공동체가 아니기에 우리는 하느님의 초대와 이에 대한 우리의 응답을 그저 추상적이고 보이지 않는 형태로 남겨둘 수 없습니다. 구체적으로 성육신한 생명과 함께하는 교회의 연속성은 교회로서 우리가 이야기하는 초대가 실제로 예수의 활동과 죽음, 부활로 가능케 된 초대임을 되새기는 방식으로 드러나야 합니다. 세례는 선물로서 정체성을 받는 것이며, 성찬례는 그분의 식탁에 있게 되는 것입니다. 세례 받은 신앙인은 오직 이러한 방식으로만 정의 내릴 수 있는 삶을 살게 됩니다. 세례 받은 그리스도인은 일정한 규율을 따르며 하느님께 복종합니다. 그리고 이 같은 흐름 속에서 끊임없이 성서를 충실히 읽고 해석해 나갈 때 우리는 교회가 어디에서 무엇으로 존재하는지 정의할 수 있을 것입니다. 이는 교회가 어떠한 형태를 갖추는 것이 역사적인 충실성(공동체가 '사도적' 정체성과 연속성을 지니게 되는 것)을 표현할 수 있는지를 모색하기 위한 토대입니다. 그리고 이 지점에서 종교개혁 시대는 우리에게 빠르고 간편한 대답을 내려서는 안 된다고, 즉 (로마 가톨릭처럼) 성급하게 구조의 연속성을 강조하는 태도나 (프로테스탄트처럼) 성급하게 구조의 필요성을 무시하는 태도 모두를 버려야 한다고 경고합니다.

트리엔트 공의회에서 근본적으로 고민했던 것은 교회의 일치가 어떻게 구체적인 모습으로 드러나느냐는 것이었습니다. 그리고 종교개혁 신학은 현실에서 수행하는 최소한의 가시적 행동(성사), 논쟁, 식별을 통해 예수 안에서, 예수를 통한 하느님의 구체적인 활동이 결정적인 중요성을 갖고 있다는 점을 분명히 할 때 그 교회는 참된 교회임을 전제로 합니다(그리고 이는 성서를 하느님께서 우리와 자유롭게 소통하시기 위해 택하신, 성령의 인도를 받는 매개로 보는 것과 연결되어 있습니다). 이러한 맥락에서 교회들의 가시적 연대에 균열이 생긴다고 해서 반드시 부정적으로 봐야 할 이유는 없습니다. 디트리히 본회퍼는 고백교회를 비난하는 교회들이 보편교회에서 자신들을 분리하고 있다고 말했습니다. 당시 고백교회를 제외한 독일교회들은 (고백교회를 비난할 뿐 아니라) 그리스도의 몸에 속하기 위해서는, 교회의 온전한 구성원이 되기 위해서는 일정한 조건(인종)을 통과해야 한다고 주장했기 때문입니다. 본회퍼는 이를 두고 하느님의 자유를 증언하는 모든 주장을 부정하는 것이라고 말했습니다.[28] 그러나 성찬례와 관련해 그리스도의 현존에 관한 서로 다른 신학적 입장을 보임으로써 루터교회와 개혁교회의 상통이 깨졌을 때 그 대립은 고백교회와 독일교회들의 경우보다는 잠정적인 것으로 보입니다. 물론 실제로는 깊은 이해의 차이가 있을 수도, 그리스도의 두 본성에 대한 믿음과 깊은 관련을 맺고 있을 수도 있습니다. 그러나 이 경우 교회들은 성서를 중심에 놓고 논쟁을 진행할 수 있습니다. 이 교회들 사이에는 공유할 수 있는 언어가 있습니다. 그래서 역사적으로 이 분열은 다양한 방식으로 이해되었고 다양한 방식으로 화해를 이루었습니다. 앞서 언급했듯 고백교회 안에서 이루어진 루터교회와 개혁교회의 화해는 가장 극적인 사례라 할 수 있습니다. 앞선 장의 결론에서 암시했듯 교회의 상통과 일치가 궁극적으로 어떻게 가능한지 알려 주는 경우는 바로 이러한 위기 상황에 교회들이 놓일 때입니다.

따라서 교회들의 눈에 보이는 연대가 붕괴하더라도 이는 일치에 대한 근본적인 부정이 아닐 수 있습니다. 특히 그러한 연대가 특정 지역 교회가 주장하는 바를 맹목적으로 따르는 방식으로 이루어진다면 이는 결코 교회일치라 할 수 없을 것입니다. 그 대표적인 사례는 1980년대 세계개혁교회연맹World Alliance of Reformed Churches에 속한 다

---

[28] Dietrich Bonhoeffer, *The Way to Freedom: Letters, Lectures and Notes from the Collected Works* (London, Collins, 1966), 75~96 참조. 특히 세례와 친교 안에 머무는 것의 관계에 대해서는 80, 구원을 거부하며 고백교회로부터 이탈하는 것에 대해서는 93~94을 보십시오.

수파와 남아프리카 네덜란드개혁교회Dutch Reformed Church of South Africa 사이의 단절입니다. 오늘날 세계성공회공동체에서 일어나는 분열 또한 또 다른 사례가 될지도 모르겠습니다. 물론 이러한 현상은 본 회퍼가 이야기한 원칙과는 다른 방식으로 일어났고 우리는 이를 진지하게 되새겨야 합니다(남아프리카 네덜란드개혁교회가 아파르트헤이트를 용인한 것은 배교가 아닌 이단 행위로 간주되었습니다. 고백교회와 독일교회의 갈등은 이보다 훨씬 심각했습니다. 이는 교회가 자신을 정의할 자유와 관련이 있었기 때문입니다). 배교하지는 않았지만 죄 많은 교회가 있을 수 있습니다. 이러한 식별은 공통 언어가 있기에 가능합니다. 이러한 상황 가운데서도 남아 있는 일치를 발견할 수 있다면 이는 교회의 정체성의 핵심을 이루는 요소, 즉 결코 변하지 않는 하느님의 활동과 선물로 주시는 은총으로서의 세례를 긍정하는 것이라 할 수 있습니다. 물론 이외에도 우리 앞에는 이러한 잠정적인 판단을 어떻게 표현할지, 눈에 보이는 연대의 한계를 어떻게 표현할지와 같은 복잡하고도 현실적인 문제들이 산적해 있습니다. 분명 이 문제들은 그 나름대로 심각성을 지니고 있지만, 이 글에서 관심하는 바를 넘어서는 문제이므로 여기서는 일단 다루지 않도록 하겠습니다.

교회들의 가시적 분열과 연대에 관해 계속 언급하는 이유는 우리가 (트리엔트 공의회와 이를 따른 사람들이 택한 것처럼) 교회일치 혹은 상통을 지향하며 나갈 때 과도하게 강력하고 조직화 된 형태를 갖추는 것을 목표로 삼거나 일치와 상통의 정의와 기준에 모든 이가 동의해야 한다고 생각하는 경향이 있기 때문입니다. 그러나 이 장에서 살펴본 교회사의 몇몇 장면은 교회일치가 현재나 미래, 즉 현재 상황을 대하는 태도에 대해 합의를 이루거나 제도를 통일하는 것, 혹은 미래에 이루어질 합의를 목표로 합의점을 찾아가는 식으로 이루어져서는 안 된다는 사실을 보여줍니다. 마찬가지로 우리는 교회일치의 본을 지나간 어떤 황금기에서 찾아서도 안 됩니다. 어떠한 측면에서 교회일치는 이미 과거에 이루어졌습니다. 왜냐하면 교회는 '세상의 기초가 놓이기 전' 하느님의 목적에 기반을 두고 있으며, 더 나아가 하느님의 약속과 성육신이라는 역사에 기반을 두고 있기 때문입니다. 물론 우리는 교회로서, 거류 외국인의 모임으로서 이 세상에서 어떠한 입장을 취해야 할지, 어떻게 그 일치를 현실에 드러낼 것인지, 이는 우리에게 어떠한 대가를 요구할 것인지 숙고하고 식별해야 합니다. 그러나 이러한 문제가 궁극적으로 우리의 역할과 통제에서 벗어난 것으로, 오직 하느님의 부름에 대한 감사의 관점으로 본다면 우리는 문제를 좀 더 냉정하게, 긴 안목으로 바라볼 수 있을 것입니다. 적어도 (본회퍼가 직면했던 위기처럼) 공통 언어의 가능성조차 제거하려는 것처럼 보이는 모든 분열에 문제를 제기할 수 있을 것입니다.

루터와 틴들의 이야기에 따르면 분열을 넘어 유지되는 공통 언어는 찬미입니다. 교회가 얼마나 심각하게 분열되었는지를 평가하기 위한 하나의 기준은 그로 인해 구성원들이 함께 시편을 노래할 기회가 가로막히는지를 살펴보는 것입니다. 교회로서 우리의 공통 언어는 근본적으로 우리의 의사소통을 위한 도구가 아닙니다. 오히려 하느님과 대화하기 위한 언어입니다. 이 언어를 충분히 익히면 우리가 서로에게 말할 거리는 더 많아질 것입니다. 서로에게 말을 건네지 못할 정도로 관계가 뒤틀어졌을 때, 우리는 찬미에 의지할 수 있습니다. 그리스도교 세계 전체를 위해 종교개혁이 남긴 가장 위대한 유산은 번역을 통해, 혹은 패러프레이즈와 성가를 통해 사람들이 각자의 모국어로 성서에 담긴 찬미와 감사의 표현을 접할 수 있게 한 것입니다. 우리에게는 언젠가 이 현실에서도 온전한 일치가 이루어지기를 기대할 수 있게 해주는 찬송hymnody에 관한 신학이 필요합니다. 종말론의 차원에서 찬미를 다루는 신학이 필요합니다.[29]

수백 년 동안 꾸준히 일어난 그리스도교 분열의 핵심에는 성서해석에 관한 논쟁이 자리 잡고 있습니다. 그러나 성서는 그 자체로 교회의 안과 밖에서 그리스도인이 일치를 이루게 하는 중심 요소입니다. 이는 비단 성서가 정보를 주고 권위 있는 가르침을 제시하기

---

[29] 신학과 찬미에 관한 전체적인 논의를 담은 저작으로 Daniel Hardy and David Ford, *Jubilate. Theology in Praise* (London, Darton, Longman and Todd, 1984)를 살펴보기 바랍니다. 성가에 관해서는 데이비드 마틴David Martin의 탁월하고 매력적인 글 'Music and Religion: Ambivalence Towards the Aesthetic' *Christian Language and its Mutations. Essays in Sociological Understanding* (London, Ashgate, 2002), 47~67을 참조하십시오.

때문만은 아닙니다. 성서는 하나의 언어입니다. 시편과 아가는 이 점을 뚜렷하게 보여주며 성서에 담긴 몇몇 일화에서도 이를 분명히 발견할 수 있습니다. 우리는 때로 우리 자신을 성서 이야기에 등장하는 인물에 빗대어 이런저런 생각을 해보곤 합니다. 이때 그 인물은 하느님과 우리의 관계, 하느님과 우리의 대화를 재구성할 수 있게 해줍니다. 구원하는 믿음으로 신약성서 각 장이 제시하는 신비를 받아들이게 될 때, 우리는 예수의 가르침에 단순히 동의하는 것을 넘어 예수의 목소리를 좇아 "아빠, 아버지"라고 말할 수 있게 됩니다.

루터를 비롯한 위대한 종교개혁자들은 성서를 인간의 언어를 재창조할 수 있고, 또 재창조해내는 본문으로 보았습니다. 이러한 시도는 새롭지 않았습니다. 성서를 읽고 해석하는 일에 관한 아우구스티누스의 신학과 중세 교회(특히 수도원)의 단순하고도 반복적인 전례 독서의 관행은 모두 기록된 말씀으로 살아가는 공동체가 어떠한 모습을 갖추어야 할지에 대한 일정한 전망을 빚어냈습니다. 그러나 종교개혁자들은 교회가 시간이 흐르면서 자신과 나란히 존재하던 정치 세력을 위험할 정도로 닮아버리게 되었고 이에 따라 하느님의 활동에 대한 감사의 반응 역시 흐릿해졌다고 판단했습니다. 그들은 논의에 새로운 동력을 제공하는 한편 지나치게 성급히 결론을 내리기도 했습니다. 근대 초기 유럽의 복잡한 정치 문제들에 맞서서 그들이 제시한 응답은 나름의 대가를 치렀고 새로운 위기를 만들어냈습니다. 계몽주의 시대만큼이나 결정적인 중요성을 지닌, 근대 초기라는 독특한 시기의 유산을 간직한 우리는 종교개혁이 어떻게 그리고 왜 교회의 정체성과 관련하여 역사적이면서도 생명력을 지닌 질문을 되살렸고, 급진적인 변화를 일으켜 다시 한번 교회를 낯설게 했는지 좀 더 진지하게 살펴보아야 합니다. 이를 통해 우리는 우리 자신을 위한 질문을 끄집어내고 또 다른 각도에서 질문을 던질 수 있을 것입니다.

역사적 타자를 타자로 만나지 못한다면,
우리는 진정한 의미에서 변화를 이루어내지 못할 것입니다.

04

역사, 그리고 다시 새롭게 하기

그리스도의 몸에 관한 기록

I

교회사를 탐구할 때 우리는 여러 가지 엇나간 확신에 사로잡힌 나머지 과거를 제대로 마주하지 못하곤 합니다. 때로 우리는 과거가 옛 시대의 의상을 걸쳤을 뿐, 사실상 현재와 같다고 확신합니다. 이 런 식으로 과거에 다가갈 때 우리는 과거의 행동방식과 사고방식을 그저 충실하게 재현하고 반복하려고 하거나, 그 반대로 오늘의 행 동방식과 사고방식을 표준으로 삼은 다음 이에 비추어 과거를 이렇 게 저렇게 잘못되었다고 평가하기 일쑤입니다. 이런 식으로는 결코 과거를 낯설게 바라볼 수 없을 것입니다. 한때 아득한 옛날부터 이 어져 내려왔다고 대다수가 믿었던 영국의 전통이 19세기에 만들어졌다는 사실은 이제 상식이 되었지요. 이는 우리에게 많은 것을 일깨워 줍니다. 우리는 '현재'가 어떠한 과정을 거쳐 지금의 모습을 갖게 되었는지 진지하게 생각하지 않습니다. 이 과정을 돌아보기 위해서는 과거와 현재 사이에 일정한 연속성이 있으면서도 그만큼이나 차이가 있다는 사실을 알아야 합니다. 이를 발견할 때, 우리는 오늘날 '현재'가 일정한 과정을 통해 일어난 우연한 결과임을, 그래서 결코 자명하지도, 정당하지도, 궁극적이지도 않음을 깨닫습니다. 이와 같은 맥락에서 현재에 대한 잘못된 확신에 도전하는 일은 곧 옛것과 현대의 것에 대한 무분별한 우상 숭배에 도전하는 일이라 할 수 있습니다.

그렇기 때문에 우리는 과거 사람들이 품었던 의도나 동기를 속단해서는 안 됩니다. 과거 사람들이 한 행동과 말을 피상적으로 연결해서는 안 되며 그 모두를 주의 깊게 살펴보아야 합니다. 4세기 안티오키아에 살았던 그리스도인, 11세기 브레멘에 살았던 그리스도인, 15세기 파리에 살았던 그리스도인은 어떤 주제에 관해 겉보기에는 매우 유사한 이야기를 하는 것처럼 보일 수 있으나, 그 이야기 저변에 깔린 이해는 완전히 다를 수 있습니다. 이를테면 성찬례, 사제직, 기도 생활, 선교 등의 문제에 관해 전혀 다른 방식으로 이해할 수 있는 것입니다. 또 이처럼 과거에 피상적으로 다가가고 오늘의 잣대로 속단하는 일은 '우리'(여기서 '우리'는 일정한 수준의 학식을 갖춘, 서구 문명권에 속한 현대 그리스도인을 뜻합니다)와의 연속성을 강조하기 위해서라도 바람직한 방식으로 여길 수 없겠지요.

그러나 그렇다고 해서 지나치게 차이에만 집착하면, 즉 지나간 시대의 신앙은 그 시대의 산물일 뿐 우리의 신앙과는 아무런 관련도 없다고 가정하면 우리는 또 다른 오류에 빠지게 됩니다. 옛 신학자나 영성가, 혹은 시인의 글을 읽을 때 우리는 매우 낯선 나라에 들어선 것 같은 인상을 받곤 합니다. 과거는 중요합니다. 오늘날 우리가 어떤 신학적 주제를 고민할 때 과거를 돌아보지 않을 수는 없습니다. 그러나 과거는 현재가 아닙니다. 지금 우리가 이해하는 방식을 과거의 잣대로 평가할 수 없듯이 과거의 교리적 진술이 오늘날의 문제를 판단하는 결정적 권위가 될 수도 없습니다. 이와 관련해 데니스 나이넘Dennis Nineham*은 저서 『중세와 근대의 그리스도교』Christianity, Mediaeval and Modern에서 역사를 읽는 방법과 관련해 매우 중요하고도 흥미로운 이야기를 합니다.[1] 여기서 그는 모든 종교적 진술에 담긴 시대적 맥락을 드러내는 것이 역사가의 과제라고, 다시 말해 종교적 진술들은 시대적 맥락과 별도로 분리되거나 어떤 보편적인 것처럼

---

[1] Dennis Nineham, *Christianity Mediaeval and Modern* (London, SCM Press, 1993)

* 데니스 에릭 나이넘(1921~2016)은 영국 성공회 사제이자 신학자로 런던 대학교와 케임브리지 대학교, 브리스톨 대학교에서 성서학과 역사신학을 가르쳤다. 교회의 성서 해석과 신학, 대중 신심은 언제나 각 시대의 문화와 사고의 영향을 받았다고 주장했다. 학문적 영역에 머무르던 성서 비평의 성과를 일반 독자에게 본격적으로 소개한 인물로 평가된다.

추출될 수 없다고 말합니다. 그러나 이러한 접근 또한 과거에 다가가는 바람직한 방식이라고는 할 수 없습니다. 무엇보다 이러한 생각이 또 하나의 규범이 되었을 때, 이러한 생각을 당연한 것으로 여길 때 생기는 문제가 큽니다. 이러한 생각은 옛 시대의 사람들이 생각하고 느꼈던 것을 우리가 안다고 가정하는 대신, 이를 알 수 없으며, 그리고 앞으로도 결코 알 수 없으리라고 가정합니다. 현재와 과거 사이에 놓인 심연을 너무 쉽게 가로질러서는 안 된다는 사실을 지나치게 의식한 나머지 그 심연을 결코 가로지를 수 없다고 단정해버리고 마는 것이지요.

위의 잘못된 두 확신은 역사를 이해하는 것 또한 다른 대상을 이해하는 것과 크게 다르지 않다는 사실을 망각하고 있습니다. 우리가 어떤 대상을 만나면 마음속에서는 일정한 과정이 일어납니다. 우리는 때로 어리둥절합니다. 때로는 매료됩니다. 때로는 좌절합니다. 때로는 호기심을 가지기도 합니다. 그리고는 이 과정에서 우리 생각의 출발점이 생각보다 안정적이지 못했다는 사실을 깨닫고 이를 조정하거나 보완합니다. 이러한 만남의 과정에서 우리는 혼란에 빠지기도 하고, 때로는 앎의 가닥을 잡아 환희에 젖기도 합니다. 우리는 살아가며 모두 이러한 과정을 겪습니다. 이 모든 과정을 통해서 우리는 대상을 존중하는 법을 배웁니다. 대상을 인내하는 법을 익힙니다. 그리고 섣불리 실망하거나 충분히 이해했다고 단정하는 것은 모두 어리석은 일이라는 것을 깨닫습니다. 확실한 답을 얻지는 못하더라도 우리는 이러한 만남과 이해의 과정을 신뢰하며 앞으로 나아갈 수 있습니다.

20세기의 가장 위대한 철학자 루트비히 비트겐슈타인Ludwig Wittgenstein은 확실성이라는 개념을 일련의 분명한 방법들을 통해 얻을 수 있는, 단일하고 절대적인 속성을 지닌 것으로 여겨서는 안 된다고 경고했습니다. 대신, 그는 다양한 종류의 불확실성을 살펴보고 이를 다룰 수 있는 실질적인 방식을 모색해야 한다고 주장했습니다.[2] 논쟁 중에 발생할 수 있는 문제들을 단번에 처리할 수 있는 답으로서 확실한 존재를 상정하는 것은 실제 논쟁을 해결하는 데 별다른 도움이 되지 않습니다. '나는 이를 확신하는가?'라는 질문은 다양하고 고유한 상황에서 일어나는 질문입니다. 우리는 이 질문에 계속 배워나감으로써, 불확실성을 다루는 여러 방식을 익힘으로써, 계속 나아가기 위한 충분한 근거들을 마련함으로써, 다양한 관습('생활양식')에 부합하는 적절한 행동 구조에 참여함으로써 응답합니다.

확실성에 관한 비트겐슈타인의 성찰은 신학을 두고서도 되새길 필요가 있습니다(많은 신학자는 그렇게 하고 있지 않은 것처럼 보이지만 말입니다). 어떻게, 어디서 확실성을 얻을지를 묻기 전에 우리는 자신

---

[2] Ludwig Wittgenstein, *On Certainty* (Oxford, Blackwell, 1969) 『확실성에 관하여』(책세상) 그리고 다음을 참조하기 바랍니다. Stanley Cavell, *The Claim of Reason: Wittgenstein, Skepticism, Morality and Tragedy* (Oxford, Oxford University Press, 1979), 2부.

이 어디서 어떻게 '나는 이를 확신하는가?'라는 질문을 던지게 되었는지를 숙고해야 합니다. 그리고 특정한 종류의 확실성을 위해 흔들리지 않는 특정한 종류의 기초를 찾으려고 하는 대신, 우리가 마주한 구체적인 질문과 의문에 대답하기 위해 실제로 무엇을 해야 하는지 고민해야 합니다. 이러한 맥락에서 앞 장에서 살펴보았던 종교개혁 논쟁은 우리에게 몇 가지 교훈을 줍니다. 종교개혁자들이 지적했듯 우리의 모든 안전은 하느님의 선택, 그분의 활동, 그분의 자기 전달self-communication에 바탕을 두고 있습니다. 그러나 이를 인간의 질문에 대한 확고부동한 답변으로 축소하는 것은 사실상 인간의 안전을 보장해주는 체제로 그분의 은총을 축소하는 것에 지나지 않습니다. 이 문제는 뒤에서 좀 더 다루어보겠습니다. 우선 여기서 강조하고픈 것은 신학적으로 신중하게 교회사를 성찰할 때, 앞서 이야기한 두 가지 왜곡을 피하고 그리스도교의 과거를 보며 참된 확실성과 잘못된 확실성에 관해 물을 수 있을 것이라는 사실입니다. 일상에서 이루어지는 모든 대화가 그렇듯 신학적인 차원에서 이루어지는 과거와의 대화 역시 한편으로는 고되면서도 무언가 알게 되고, 차이를 인지하면서도 일정한 공통점을 발견하게 되는 과정을 거칩니다. 여기서 더 나아가 그리스도인은 이를 통해 과거의 문제가 어떻게, 왜 오늘날에도 여전히 중요한지를 알게 되며, 단순한 역사적 공감을 넘어 무언가를 기대하고 열망할 수 있습니다. 그리스도인은 과거와 대화를 나눔으로써 과거 그리스도인들과 마음을 일치시켜 나가기 때문입니다.

교회는 언제나 공동체를 보존해 왔습니다. 또한 언제나 과거를 돌아보며 자신이 과거 세대와 동일한 일을 하고 있는지 고민했습니다. 이는 그리스도교가 예수 그리스도의 구원이라는 사건의 구체적인 장소와 시점을 강조하는 것과 연관이 있습니다. 그리스도인에게 모든 중요한 변화는 다른 어떤 사건이 아니라 전적으로 이 시간과 공간, 특정 시점에서 일어난 일련의 사건들에 의존하기에 교회는 그러한 사건들이 일어났던 시점과 자신을 연결해야 할 분명한 근거가 있습니다. 독특한 구조를 지닌 인간 공동체는 새로운 구성원에게 어떻게 자신의 생활양식을 전할지, 새겨야 할지 관심을 갖기 마련입니다. 그리스도교는 이를 고민했을 뿐 아니라 더 나아가 그러한 생활양식을 통해 구성원들이 올바르고도 효과적으로 과거에 있었고 여전히 살아 있는 한 사람, 성육신한 예수의 실재와 만나도록 주의를 기울였습니다. 교회가 공동체라는 형태를 보존하고 또 중시하는 이유는 예수를 동시대인으로서 만나게 하기 위함입니다. 그리고 이 '동시대인이 되는 과정'은 오늘날 다른 그리스도인들에 대한 개방성뿐만 아니라 과거 그리스도인들에 대한 개방성을 포함합니다. 그리스도인으로서 우리는 그들 모두를 통해 예수가 활동했고, 또 변함없이 활동하고 있다고 믿기 때문입니다. 성숙한 그리스도인에게 과거는 마냥 낯설지만은 않습니다. 과거의 그리스도인 또한 방식은 다양할지라도 언제나 예수와의 관계에 관해 질문하며 살았기 때문입니다. 성육신한 예수와의 만남, 역사에서 공동체라는 몸을 통해 살아 있는 예수와의 만남이 없다면 인간을 변화하게 하는 은총의 손길은 인간에게 닿지 않습니다.

그러므로 전통을 그 자체로 '보존'하고 '전달'하는 일은 중요합니다. 20세기 어느 정교회 신학자는 전통을 온전한 신학적 의미에서 교회의 '카리스마적 기억'charismatic memory이라고 이야기한 바 있습니다.[3] 은총의 구체적 형태로서 (교회라는) 그리스도의 몸을 통해 성령이 활동하며 활성화된 역사적 기억이라는 관념을 매우 생생하게 표현하는 문구입니다. 물론 보존된 전통을 전달받는다고 해서 우리가 완전무결하고 해석되지 않은 과거와 만나지는 않으며 완벽하게 정확한 역사적 회상을 할 수 있는 것도 아닙니다. 그리고 이것이 과거에 대한 철저한 연구와 역사적 재구성이 쓸모없는 일이라고 주장하며 그 가치를 부정하는 것도 아닙니다. 전통은 과거와의 진정한 만남을 가능케 하는 일종의 선물입니다. 이 선물을 통해 우리는 변화됩니다.

전통은 무엇보다 공동체가 예배를 드리는 가운데 살아 움직입니

---

[3] Georges Florovsky, 'The Work of the Holy Spirit in Revelation', *The Christian East* 13 (1932, no. 2) 49~64.

다. 예배를 통해 그리스도인은 하느님께서 당신을 전달한 사건을 담고 있는 성서를 어떤 유물이 아닌, 그분께서 우리와 '지금, 여기'에서 소통을 나누시는 도구로 읽습니다. 그리스도교의 첫 나날부터 그리스도인들은 예배를 드리며 순교자를 기억하고 기렸습니다. 예배를 통해 우리는 변화된 삶이 무엇인지를 체험합니다. 예배의 언어는 필연적으로, 그리고 마땅히 현대의 언어뿐만이 아닌, 여러 세대에 걸친 관행이 형성한 언어로 이루어져 있습니다. 우리는 오늘날 우리가 사용하는 말뿐만 아니라 시편과 송가canticle,* 찬송hymnody이라는, 옛 신앙의 선배들이 보존하고 물려준 말을 통해 하느님을 찬미합니다. 바로 이러한 공동의 실천, 물려받은 언어와 '카리스마적 기억'은 궁극적인 차원에서 앞서 언급했던 두 확신이 과거를 왜, 어떻게 오도하는지를 보여줍니다.

앞에서 저는 교회일치의 가시적 표지가 어떤 분파나 집단의 전유물이 아닌, 그리스도교 공동체가 드리는 찬미의 언어라고 말한 바 있습니다. 이러한 일치는 하느님께서 주시는 선물이며 우리가 성취할 수 있는 것이 아닙니다. 과거를 전용할 때도 마찬가지입니다. 송가와 시편, 고전적인 찬송을 부를 때 우리는 서로 다른 시대를 가로

---

* 성서에 기초한 찬미의 노래 중 시편을 제외한 것을 가리킨다. '찬가'로도 옮긴다. 본래 동방 교회에서 시작된 전통으로 서방 교회에도 일찍 전파되었다. 교파별 전통에 따라 다양한 송가가 전해진다. 「당신은 하느님」Te Deum, 「창조송가」Benedicite, omnia opera Domini (다니 3:57~90), 「성모 마리아 송가」Magnificat (루가 1:46~55), 「성 시므온 송가」Nunc Dimittis (루가 2:29~32), 「즈가리야 송가」Benedictus Dominus Deus (루가 1:68~79)등이 대표적이다.

지르는 일치와 서로 다른 공간을 가로지르는 일치를 모두 표현합니다. 이러한 맥락에서 교회의 일치를 가장 분명하게 보여주는 것은 예배입니다. 그리스도인들이 함께 노래할 때 사용해온 독특한 레퍼토리가 있습니다. 그리스도인들은 로마가 건국되기도 전 팔레스타인을 다스렸던 한 왕의 작품으로 돌리는 노래, 시편을 반복하여 부릅니다. 암흑시대 프랑스와 이탈리아 주교들이 썼던 노래를 부릅니다.* 마르틴 루터가 만든 성가를 모국어로 옮겨 (영어권 국가들에서는 대개 축약된 형태로) 부릅니다. 청동기 팔레스타인의 한 왕이 썼다고 전해오는 작품들을 모국어에 알맞게 운문의 형태로 옮겨 노래합니다.* 부르주아적 경건과 빅토리아 시대 일어났던 중세 복고 경향(옥스퍼드 운동)을 (때로는 당혹감이 들 정도로) 뒤섞고 손질합니다. 이처럼 그리스도교의 연속성을 드러내는 가장 뚜렷한 지표는 다른 시대의 운율과 어휘를 문자 그대로 지금, 여기에 있는 우리의 것으로 만드는 활동입니다. 이때 원작자들의 의도와 지금, 여기서 원작을 사용

---

* 가장 대표적인 인물로는 6세기 푸아티에의 주교 베난티우스 포르투나투스Venantius Fortunatus가 있다. 몇몇 작품은 한국어 회중 성가에도 수록되었다. 「노래하라 내 입술아」Pange lingua (성공회 성가 184, 202장)이 대표적이다. 「즐겁도다 이 날」Salve, festa dies (성공회 성가 228, 229, 233장, 새찬송가 167장)도 그의 작품으로 돌려진다. 한편 가톨릭 성가 119장 「주님은 우리 위해」는 「왕의 깃발」Vexilla Regis에 영감을 얻었다. 이 성가의 옛 그레고리오 선율은 19세기 작곡가이자 나중에 사제가 된 프란츠 리스트Franz Liszt의 손길을 통해 탁월한 종교음악 작품으로 태어난다.

* 프랑스어권 칼뱅파 개혁교회는 『제네바 시편가』(1562)로 대표되는, 프랑스어의 운율에 맞게 수정한 시편 본문에 단순한 4성부 곡을 입히는 독특한 시편가 전통을 발전시켰다. 나중에 이 전통은 잉글랜드와 스코틀랜드로 이어진다. 오늘날 가장 잘 알려진 개혁교회 시편가 가운데 하나는 시편 100편(성공회 성가 246장 「땅 위에 사는 만민아」, 새찬송가 1장 「만복의 근원 하나님」)이다.

함으로써 발생하는 의미가 정확하게 일치한다고 말할 수는 없습니다(다윗, 혹은 약 4~5세기가 지난 후 다윗의 이름으로 작품을 남긴 시인들이 본래 의도했던 그대로 지금 여기서 이를 표현하는 것이 가능한 일일까요?) 그러나 말들은 여전히 남아 있습니다. 그 말들은 우리를 통해 무엇인가 일어날 가능성을 품고 있습니다.

같은 맥락에서, 역사적으로 여러 난점이 있음에도 불구하고 중요한 것은 우리에게 전달된 본문이 있다는 것입니다. 본문은 무언가를 생성하기에 지금까지 살아 있습니다(그리고 바로 이 점에서 오늘날 우리가 보기에 편안하다는 이유로, 혹은 불편하다는 이유로 본문을 축약하거나 개선해야 한다는 주장은 무익할 뿐 아니라 본문을 모욕하는 것이기도 합니다). 본문은 계속해서 새로운 이해를 받아들였고 새로운 세계를 열었습니다. 본문은 새로운 물음을 자극합니다. 종교개혁자들은 본문을 본문 자체로 읽었고, 그들의 시대를 위한 질문을 던질 수 있었습니다. 마찬가지로 우리가 본문을 본문 자체로 읽을 때만, 전례 없이 새로운 상황이 우리 앞에 닥쳤을 때 본문은 새롭고 비판적으로 자신을 읽어내게 할 것입니다. 고등학교 시절에 읽었던 책을 20년 뒤에 다시 읽어본 분이라면 이 이야기가 무엇을 뜻하는지 감이 올 겁니다. 똑같은 책이라 할지라도 10대 때 읽었을 때와 30대 때 읽었을 때는 전혀 다른 감흥을 불러일으킵니다. 그리고 10대 때는 눈에 들어오지 않았던 부분이 30대 때는 눈에 들어올 때도 있습니다. 책을 다시 읽을 때 독자는 이전에 읽은 내용이 이후 자신의 삶에 의식적으로든, 무의식적으로든 여러 영향을 미쳤음을 알게 됩니다. 다시 읽은 책은 마치 처음 읽는 것처럼 새로운 감흥을 일으키면서도 동시에 예전보다 훨씬 더 친숙하게 다가옵니다. 책을 읽는 내가 더는 '책을 처음 읽는 나'가 아니기 때문입니다. 책을 다시 읽을 때는 처음 읽은 방식과 '똑같은' 방식으로 읽을 수 없습니다. 책을 다시 읽는 나는 과거에 책을 읽음으로써 변한 '나'이기 때문입니다. 설사 이를 느끼지 못한다 할지라도 말이지요. 여러 번 반복해서 읽은 책은 친밀한 대화 상대이지만 읽을 때마다 어떤 것은 감추고 어떤 것은 드러내면서 새로운 문을 독자 앞에 열어놓습니다.[4]

그러므로 우리 곁에서 우리를 성숙하게 하는 책이나 희곡, 음악에는 매우 특별한 가치가 있습니다. 그것들은 우리가 한 번 읽거나, 보고, 듣는다고 해서 결코 소진되지 않습니다. 그렇기에 우리는 다시 읽을 때마다, 다시 들을 때마다 무언가 새로운 것을 발견하게 될 것이라고 기대하게 됩니다. 또한 이어지는 만남 속에서 우리는 이를 통해 무엇을 경험할지 전혀 예측하지 못한다는 것을, 이를 우리가 통제할 수 없다는 것을 깨닫습니다. 어떤 상상력을 통해 우리에게 주어진 풍경으로 들어간다는 감각, 바로 그 감각이 중요합니다. 그

---

[4] David Tracy, *The Analogical Imagination: Christian Theology and the Culture of Pluralism* (London, SCM Press, 1981), 3장. 여기서 트레이시는 독자와 본문의 관계에 관한 의미있는 논의를 제공합니다.

풍경에 적응하기 위해서는 시간이 필요합니다. 이는 교회 생활의 맥락에서 다른 무엇보다 성서에 적용되는 이야기지만, 성서에 살을 붙이며 발전한 본문들, 예배의 어휘와 형식, 그리스도를 닮는 삶이라는 독특한 본문에도 마찬가지로 적용될 수 있습니다. 이 모든 구체적인 형식을 통해 하느님께서는 당신 곁에서 성장하고 성숙해지도록 우리를 초대하십니다. 이들은 모두 하느님께서 우리에게 주신 약속입니다.

그리스도인으로서 우리는 이를 숙고해야 합니다. 교회의 과거와 만나는 일은 교회의 미래 일부를 보는 일이기도 합니다. 우리를 위해 모든 것을 설정해 주는 어떤 것으로, 완전하고 궁극적인 것으로 과거를 이해한다면 이는 과거의 본문을 사실상 역사를 가로막는 것, 예상할 수 없는 성장을 경험하는 역사적 인격으로서 우리 자신을 인식하지 못하게 하는 것으로 대하는 것과 다를 바 없습니다. 그렇다고 해서 과거를 알 수 없는 것인 양 내던져 버린다면, 과거의 본문을 그 낯선 배경 때문에 우리와 단절된 것으로 간주한다면 우리는 우리가 역사를 통해 어떻게 형성되었는지 알 수 없게 됩니다. 마치 역사가 시작하지도 않은 것처럼 여기는 것이지요. 신학적인 맥락에서 이 두 가지 태도는 우리가 오직 함께할 때 성장할 수 있다는 믿음, 우리가 가질 수 없는 말씀이 우리를 부르고 이에 우리가 응할 때만 성장할 수 있다는 믿음을 부정하는 것이라 할 수 있습니다. 말씀은 교회의 역사를 구성해 온 인간의 응답을 통해 우리에게 구체적이고 직접적인 것으로 다가옵니다. 바로 이것이 우리의 신앙을 가능하게 합니다. "우리는 우리의 선조들보다 훨씬 많은 것을 알고 있다"고 입버릇처럼 말하는 현대인을 향해 T.S. 엘리엇T.S.Eliot은 말했습니다. "그렇다. 우리가 알고 있는 것이 바로 그들이다."[5] 이 책을 시작하며 이야기한 것처럼 우리는 (오늘날 우리를 만든) 과거에 어떠한 빚을 지고 있는지 알아야 합니다.

'나는 이를 확신하는가?', '어떻게 오늘날의 교회가 과거의 교회와 연속성이 있음을 알 수 있는가, 알 수 있다면 이어지고 있는 교회의 정체성은 무엇인가?' 어떤 이들은 역사에서 정체성을 찾는 것은 불가능하며, 역사에서 일어났던 구원이 오늘날까지 이어질 수는 없다고 (그럴듯하게) 주장합니다. 이 장에서는 이에 대한 답변으로 교회의 단순한 실천을 제시했습니다. 오랫동안 축적된 전통과 관행 안에서 예배를 통해, 특히 '카리스마적 기억'이 중심을 이루는 성사적 예배를 통해 우리는 희망과 기대를 품고 교회가 오랜 시간에 걸쳐 축적한 성찰을 돌아볼 수 있습니다. 구체적인 형태가 어떠하든 그리스도에게 순종하는 마음으로 성찬례에 참여할 때, 깊은 기도로 성서에

---

[5] "어떤 사람은 이야기한다. '죽은 작가들의 작품이 우리에게 다가 오지 않는 이유는 우리가 그들보다 너무나 많은 것을 알게 되었기 때문이다.' 그렇다. 우리는 그들에 대해 안다. 우리가 알고 있는 것이 바로 그들이다." 'Tradition and the Individual Talent', *Selected Prose of T.S. Eliot* (London, Faber, 1975), 37~44.

귀를 기울일 때, 우리가 선 자리에서 과거에 드러났던 풍경이 또다시 펼쳐질 것을 신뢰하며 과거가 빚어낸 찬미와 성찰의 언어를 우리의 것으로 만들 때 비로소 우리는 교회가 무엇인지 답변할 수 있게 될 것입니다. 그 답변은 우리가 역사에 종지부를 찍거나 아직 시작조차 하지 않은 것처럼 가장하게 하지 않을 것입니다. 그렇게 그 답변은 우리가 '계속 나아가게끔' 도와줄 것입니다. 확답을 주지는 않을 것입니다. 하지만 그리스도교 전통과 관습, 실천이 어떻게 유지되었는지 알려줄 것입니다. 그래서 과거를 오늘의 것으로 만드는 과정 가운데 우리가 어떤 존재인지 알려줄 것입니다. 우리가 전례에 참여할 때 이미 이러한 과정은 일어나고 있습니다. 이러한 환경에서 과거와 만날 때, 그리스도인은 어떻게 신학적 상상력과 자원을 가지고 역사 전체에 다가갈지 가늠해 볼 수 있습니다.

II

앞에서 그리스도의 몸에 함께 속한 지체라는 전제 아래 그리스도교의 과거를 바라볼 때 어떠한 차이가 있는지 생각해보았습니다. 지금부터는 교회를 유지하시는 하느님께서 어떻게 활동하시는지 살펴보려 합니다. 이러한 맥락에서 우리는 교회 생활 가운데 하느님 활동의 우선성을 가리키는 찬미praise와 참회repentance, 관상contemplation의 기록에 특별한 관심을 기울일 필요가 있습니다. 이러한 기록들은 교회 언어의 '문법'grammar을 수립해 우리가 하느님께 반응하도록, 그리스도를 통해 단 한번 온전히 일어난 바로 그 사건을 따르고 탐구하게 합니다. 그리스도교 신앙에서 이는 역사적 사건인 동시에 삼위일체 안에서 성자가 성부를 향해 자기를 내어주는 영원한 활동입니다. 그리스도교 초창기 고전 신학은 예수의 생애를 저 경배와 사랑의 영원한 관계, 활동이 이 땅에서 온전히 드러난 것으로 보았습니다. 그러므로 누군가 그리스도의 몸의 지체가 된다는 것은 바로 그 사람이 그리스도께서 아버지를 향해 기도를 드리는 '터'가 된다는 것을 의미합니다. 다른 이가 그리스도의 몸의 지체임을 깨달을 때, 또 다른 몸의 지체로서 우리는 그를 통해서 그리스도께서 영원한 기도를 드리고 계심을 깨닫습니다. 이러한 맥락에서 그리스도의 몸에 속한 다른 지체를 사랑하는 것은 어떻게 그리스도께서 드리는 기도가 그의 삶을 지탱하고 또 변화시키는지를 바라보고 듣는 것을 뜻합니다. 그리스도의 몸에 속한 다른 지체는 나의 성장과 성숙을 돕기 위해 나에게 다가온 선물입니다.

그러므로 그리스도교의 과거를 역사가의 시선으로, 동시에 신앙인의 눈길로 바라보려는 사람은 무엇보다 기도를 통해 이전 시대의 그리스도인들과 연대해야 합니다. 오해하지 마십시오. 여러 시대에 걸쳐 등장한 그리스도교 신심의 표현들이 오늘날에도 모두 유효하며 창조성을 지니고 있다는 말이 아닙니다. 현대적인 신심이 독자적인 목소리를 내서는 안 되며 옛 교회가 물려준 유산만을 고수해야 한다는 뜻도 아닙니다. 오늘날 헌신하는 마음과 진정성을 가지고 이야기할 수 있는 것들은 과거 사람들이 헌신하는 마음과 진정성을 가지고 이야기했던 것과는 매우 다를 수 있습니다. 그러나 조금 전에 살펴보았듯, 우리는 조상들이 어떻게 기도했는지를 알기에(T.S.엘리엇의 말처럼, "우리가 알고 있는 것이 바로 그들"이기에) 다른 방식으로 기도할 수 있습니다. 오늘날까지 교회에서 공유하는 언어와 행위를 알 때, 우리는 과거와 현재 모두가 공유하는 하나의 맥락, 그리스도의 몸에 현존하는 그리스도의 활동에 교회가 어떻게 자신을 열었느냐는 측면에서 과거 그리스도인들의 이야기에 좀 더 잘 다가갈 수 있습니다.

이는 우리가 그리스도교 역사에 접근할 때 단순히 과거 그리스도인들이 당대 문화와 어떠한 영향을 주고받았는지 규명하는 것을 넘어, 그들의 믿음과 행동이 서로 맞물리며 어떤 변화의 가능성을 열어놓았는지 주목해야 한다는 사실을 뜻합니다. 교부 시대 그리스도인들이 당대 세계관에 얼마나 많은 영향을 받았는지를 논하는 것은 그리 어려운 일이 아닙니다.[6] 교회가 남긴 수많은 기록에서 거의 예외 없이 여성 혐오가 등장한다는 점도 우리는 잘 알고 있습니다. 그

---

[6] 예를 들면 Dimitris Kyrtatas, *The Social Structure of the Early Christian Communities* (London, Verso, 1987), 특히 2장을 보십시오.

러나 그리스도교가 형성한 여러 문화는 노예제를 거부하고 여성이 평등한 권리를 지닌 존재임을 긍정하게 되었습니다. 그리스도인들은 노예제와 여성 혐오에 자양분을 주는 것이 올바른 성장이 아님을 전통 안에서 천천히 깨닫게 되었습니다. 그러므로 지나간 시기를 살펴볼 때 우리는 그리스도인들이 단순히 과거의 이야기를 답습하게 만들지 못하게 한 것이 무엇인지 물어야 합니다. 당대 문화를 단순히 반영하지 않는 것을 찾아야 합니다.

그리스도교 역사를 신학적으로 성찰한다는 것은 단순히 문화적 배경으로 환원될 수 없는 무언가를 의식하는 것이라고 할 수 있습니다.[7] 다시 말해 교회 안에서 이루어지고 있는 하느님의 활동을 드러내는 표지를 찾는 일입니다. 그렇다면 우리는 각 시대에 무엇이 교회를 동요하게 했는지, 무엇이 종결되지 않은 문제로 드러나 교회가 긴급하게 응답해야 했는지 살펴보아야 합니다. 3장에서 우리는 어떻게 중세 후기에 교회가 특정 질문을 회피할 수 없는 상황에 놓이게 되었는지를 살펴본 바 있습니다. 그러한 질문과 대면했을 때 우리는 전통의 어떤 요소가 이후 교회 생활을 다시 빚어낼 생명력과 활기를 제공하는지 발견할 수 있습니다.

---

[7] 그리스도교 언어가 시대적 상황을 반영하는 측면만 주목하는 접근에 대한 비판은 다음을 참고하십시오. Rowan Williams, "Is it the same God?' Reflections on Continuity and Identity in Religious Language', *The Possibilities of Sense* (New York and Basingstoke, Palgrave, 2002), 204~218, 특히 214~215.

물론 과거를 오늘날의 어려움을 해결하기 위한 수단으로 치부하는 일은 위험합니다. 그러나 상대적으로 이러한 위험을 줄일 수 있는 길이 있습니다. 그리스도의 몸에 과거와 현재 그리스도인이 모두 함께 참여한다는 원칙에서 시작한다면, 과거는 언제나 우리에게 선물을 안겨줍니다. 오늘날의 위기는 이전에는 찾지 못했던 과거의 모습을 새롭게 일깨워 줄 것입니다. 많은 이들은 다양한 전통을 오늘의 맥락에서 새롭게 이해함으로써 교회를 철저히 새롭게 하고자 꾸준히 노력했습니다. 가장 대표적인 사례는 종교개혁이겠지만 20세기에서도 몇몇 사례를 발견할 수 있습니다. 1930년대와 1950년대 그리스도교 신앙을 대표하는 세 전통, 즉 정교회, 로마 가톨릭 교회, 프로테스탄트 교회에서 가장 커다란 신학적 활력을 불어넣은 운동은 모두 (단순히 현재를 혁신한다거나 과거를 반복하는 식이 아닌) 전통의 '회복'recovery, '원천으로 돌아가기'ressourcement라는 특징을 보였습니다. 정교회 세계에서는 신학자들, 특히 러시아 신학자들이 새롭게 희랍 교부들을 읽으며 인간의 인격에 관한 신학 및 친교와 공동체의 본성에 새롭게 접근했습니다. 이들이 행한 작업은 이후 지속해서 교회일치운동에 커다란 영향을 미쳤습니다. 로마 가톨릭 교회에서는 자크 마리탱Jacques Maritain*을 비롯한 몇몇 사람들이 교과서적 스콜라주의에

---

* 자크 마리탱(1882~1973)은 프랑스 철학자다. 토마스 아퀴나스의 철학을 현대 문화에 알맞게 재조명하며, 형이상학뿐 아니라 윤리, 사회, 정치, 교육 등 모든 분야에 토마스의 사상이 기여할 수 있음을 보였다. 세계 인권 선언(1948)의 기획과 작성에 기여했다.

반기를 들었고 토마스 아퀴나스의 또 다른 가능성을 발견했습니다.[8] 또한 전후 시기의 '신신학'new theology[*]은 희랍 교부들에게 새롭게 주목하며 스콜라주의 자체에 도전장을 내밀었습니다.[9] 당대의 가장 중요한 프로테스탄트 신학자였던 칼 바르트는 널리 유행하며 인기를 끌던 근대 신학 유형을 폐기하고 바울과 캔터베리의 안셀무스Anselm of Canterbury, 칼뱅과 키에르케고어Søren Kierkegaard를 새롭게 읽어냄으로써 20세기 독일에서 일어난 전례 없는 참상에 맞서 가장 의미 있고 비판적인 성찰을 제시했습니다.

엄격하고 전문적인 사상사 연구자들의 시선에서 바라본다면 이러한 모습과 움직임이 결코 바람직하다고 말할 수는 없을 것입니다. 냉소적인 시선으로 본다면 블라디미르 로스키Vladimir Lossky[*]와 게오르

---

[8]　다소 무비판적인 면이 있는 점은 사실이나 자크 마리탱에 관한 유용한 개설서로는 다음을 들 수 있습니다. Ralph McInerny, *The Very Rich Hours of Jacques Maritain: A Spiritual Life* (University of Notre Dame Press, 2003)

[9]　Henri de Lubac, *At the Service of the Church* (San Francisco, Ignatius Press, 1993)은 오늘날 가장 위대한 신학자가 남긴 진술한 기록입니다.

[*]　신신학Nouvelle théologie은 20세기 중반 로마 가톨릭 신학에서 일어난 흐름을 가리킬 때 흔히 사용되는 이름이다. 이 흐름에 속한 신학자들은 공통적으로 신스콜라주의를 거부하고 그리스도교 신앙의 근원으로 돌아가는 것을 강조했다. 본인들은 자신들의 운동을 '원천으로 돌아가기'ressourcement라 부르는 것을 선호했으며 교부들의 저술, 성서주석, 전례신학, 신비주의 등에 관심을 보였다. 제2차 바티칸 공의회에 커다란 영향을 미쳤으며 대표적인 신학자로 앙리 드 뤼박, 장 다니엘루Jean Daniélou, 한스 우르스 폰 발타사르Hans Urs von Balthasar, 요세프 라칭거Joseph Ratzinger 등이 있다.

[*]　블라디미르 로스키(1903~1958)는 러시아 평신도 신학자다. 상트페테르부르크 대학교에서 공부했다. 1922년 소비에트 정부가 지식인들을 러시아에서 추방하자 프랑스에 정착했다. 현대 서방 세계에 동방 정교회 사상을 소개하는데 크게 기여했다. 생애 후반에는 마이스터 에크하르트에 대한 연구에 전념했다. 『정교신학 개론』(지식을만드는지식)이 역간되었다.

기 플로롭스키Georges Florovsky* 등 러시아 신학자들이 교부를 읽은 방식은 1차 세계대전이 일어나기 전 러시아 '백은시대'Silver Age*에 활동한 종교철학자들이 재정비한 헤겔철학을 그대로 따르는 것처럼 보입니다(그리고 신신학자들은 이를 맹렬히 비판했습니다).[10] 마리탱이 토마스 아퀴나스를 이해한 방식은 상당 부분 모리스 블롱델Maurice Blondel*에게 의지하고 있으며, (반발의 형태라고 하더라도) 앙리 베르그송Henri Bergson의 사상과 16세기 토마스 아퀴나스 해석의 영향을 받았습니다.[11] 전후 로마 가톨릭 교회가 교부들에게 새롭게 주목한 것에는 블롱델의 영향이 크나, 한편으로는 실존주의의 도전에 대한 위기의식의 결과였음을 부정할 수 없습니다. 안셀무스와 칼뱅에 대한 바르트

---

[10] 이 문제에 관한 러시아 학자들의 지적 논쟁에 대해서는 다음을 참조하십시오. Rowan Williams (ed.), *Sergeii Bulgakov: Towards a Russian Political Theology* (Edinburgh, T. & T. Clark, 1999), 163~181.

[11] 이 점은 앞서 언급한 맥키너니McInerny의 마리탱 관련 저서를 보면 분명하게 알 수 있습니다. 여기서 그는 마리탱이 블롱델과 베르그송을 강도 높게 비판하면서도 그들을 깊이 존경한 나머지, 자신의 논의를 형성할 때도 블롱델과 베르그송의 영향을 받았다고 이야기합니다.

* 게오르기 플로롭스키(1893~1979)는 러시아 정교회 사제, 신학자다. 파리 성 세르게이 신학대학과 미국 뉴욕 성 블라디미르 신학대학, 하버드 대학교 등에서 교부학과 교의학을 가르쳤다. '신교부적 종합'을 주장하며 희랍 교부들을 새롭게 재해석했고, 러시아 신학의 유산을 서방 세계에 소개하는 데도 공헌했다. 1937년부터 신앙과 직제 운동, 세계교회협의회WCC에 참여하며 교회일치운동에 기여했다. 『러시아 신학의 여정』(지식을만드는지식)이 역간되었다.

* 백은시대silver Age는 19세기 말에서 20세기 초 사이 러시아 문화, 예술, 종교 부흥기를 가리키는 말이다.

* 모리스 블롱델(1861~1949)은 프랑스 출신 종교철학자로 고전적인 신플라톤주의 사상과 현대의 실용주의를 종합해 당대 신스콜라주의에 만족하지 못한 로마 가톨릭 철학자들, 신학자들에게 커다란 영향을 미쳤다. 물질문명의 문제와 윤리적 문제에 대해 선구적인 논의를 진행했다는 점에서 오늘날 재평가 받고 있으며 현재 전집이 발간중에 있다.

의 해석, 심지어 바울에 대한 해석은 바르트가 이해한 키에르케고어의 해석 방식에 많은 영향을 받았습니다. 또한 그가 탁월하게 재해석한 칼뱅주의 전통의 예정 교리는 사실 칼뱅의 전망을 넘어서는 것입니다.

그러나 여기서 다시, 우리는 어떻게 이러한 일들이 가능해졌는지, 어떻게 새로운 변화가 일어났는지 살펴야 합니다. 분명 희랍 교부들을 재해석할 때 로스키는 수 세기에 걸친 유럽 지성사를 의식했고 무엇보다 (비록 여러 측면에서 매우 비판적이었지만) 러시아의 선구자들의 유산을 염두에 두고 있었습니다.[12] 그러나 그는 또한 그 모든 논의 밑에서 흐르고 있는 몇몇 조류들이 어디에서 기원하는지를 매우 신중하게 검토했습니다. 4세기 삼위일체 신학의 논리에 관해 고심하던 로스키는 인간의 영적 정체성은 인간의 본성, 즉 인간의 공통 본질에 속하는 어떤 요소로 환원될 수 없으며, 오직 계시를 다루기에 적합한 지적 도구를 찾는 여정에서 발견될 수 있는 것이라고 여겼습니다. 그는 그리스도교 신앙은 우리에게 하느님을 신적 본성을 지닌 개별자가 아닌 다른 무언가로 이야기하는 방식을 찾을 것을, 그러면서도 다수의 신적 개별자라는 신화적 함정에 빠지지 않을

---

[12] 1944년에 로스키가 쓴 다소 짧지만 매우 영향력 있는 책이 있습니다. *The Mystical Theology of the Eastern Church* (Cambridge, James Clarke, 1957) 여기서 그는 4세기와 5세기 희랍 신학자들이 주로 다루던 교리 주제들을 다루고 있습니다. 이후 그는 각 주제마다 밀도 있는 논의를 담은 글을 썼는데 이 글들은 로스키 사후 한 권으로 묶여 *In the Image and Likeness of God* (Crestwood, St Vladimir's Seminary Press, 1974)로 번역 출간되었습니다.

것을 요구한다고 생각했습니다. 실재가 하는 활동들의 상호연관을 진지하게 숙고하면서 하느님의 복수성plurality에 대한 이해가 천천히, 또한 조심스럽게 등장했습니다. 하느님의 활동들은 하느님께서 타자들과 맺는 관계에 따라 자기 내어줌self-bestowal, 자기 비움self-emptying으로 구분됩니다. 이러한 활동을 통해 하느님의 각 위격은 개별성 individuality을 벗어나 타자 안에 있는, 타자와 함께하는 정체성을 입게 됩니다. 이러한 삼위일체 하느님의 인격적 정체성이 지닌 신비로운 성격은 인간성을 재고하게 만듭니다. 그리스도교 신앙에 따르면 인간은 하느님의 형상이기 때문입니다. 로스키는 이러한 생각을 이어가, 인격적인 존재로서 인간에게는 하느님과 상호연관을 맺고 있는 무언가가 있으며 이는 하나의 종으로서의 인간이 지닌 본성에 강력히 저항한다고 이야기했습니다. 그리하여 그는 삼위일체의 각 위격은 개별 인간을 투사한 것이 아니며(이렇게 되면 사실상 세 명의 신을 믿는 것이 됩니다), 오히려 개별 인간이 인격적인 존재로서의 하느님에 대한 일그러진 상이라고 주장했습니다. 종種으로서의 인간, 자신이 지닌 인간적 본성에 대한 집착을 버리고 타자와의 관계에 더 집중할수록 우리는 온전한 우리 자신, 우리 인간의 참된 가능성으로 존재하는 하느님의 형상을 더 분명하게 드러내게 된다고 로스키는 생각했습니다.[13]

---

[13] 이 단락은 *In the Image and Likeness of God* 중 1, 5, 6, 7장의 논의를 요약한 것입니다.

이를 통해 그는 두 가지를 주장했습니다. 우선 아주 기본적인 차원에서 삼위일체를 통해 계시된 신비를 설명하기에 적절한 말을 찾기 위해 (아무리 많은 힘이 들어도) 노력을 기울이지 않는다면 우리는 결코 심오한 인간의 존엄성과 상상할 수 없을 정도로 커다란 인간의 소명을 제대로 설명하지 못한다는 것입니다. 또 다른 하나는 4세기에 발전한 삼위일체 교리가 이와 관련해 중요한 발자취를 남겼다는 것입니다. 그리스도교 신앙의 중요 교리(창조와 성육신)에 비추어 볼 때 하느님에 관한 설명은 불가피하게 인간에 관한 설명에 영향을 미친다고 그는 생각했습니다.

4세기 교부들의 가르침에 바탕을 둔 로스키의 이론은 오늘날 사람들에게는 마냥 난해해 보이고 별다른 영감을 주지 않을 수도 있습니다. 그리고 교부들의 개념과 그가 새롭게 제시한 개념 사이의 불일치가 두드러져 보일 수도 있습니다. 교부들의 인간관과 현대인인 '우리'의 인간관 사이에 놓인 간격이 뚜렷하기 때문입니다. 그러나 4세기 교부들의 가르침이 '실제로' 의미했던 바를 규명한다고 해서 로스키의 주장에 담긴 타당성과 정당성이 무너지지는 않습니다. 옛 교부들은 오늘날까지 신학적 논의를 이어가며, 오히려 과거에 이야기하지 못했던, 이야기할 수 없었던 이야기를 우리에게 새롭게 건넨다는 것이지요. 지성사가가 아닌 신학자로서 그는 하느님을 이야기하는 새로운 언어는 자연스럽게 인간의 자기 이해에 영향을 미친다고 생각했습니다. 그리고 인간의 존엄성과 자유에 대해 질문하는 현대인으로서 로스키는 이러한 관심을 자신이 유산으로 물려받은 그리스도교 교리와 연결해야 할 필요를 느끼지 않을 수 없었습니다. 그리고 그는 이 '현대적' 관심이 1,600년 전에 변화한 신학 언어가 오랜 시간에 걸쳐 만들어낸 결과임을 깨달았습니다. 사람들의 관심이 클수록, 문제가 심각하다고 여길수록 더 깊은 문제, 더 근본적인 문제를 반성해야 합니다. 이 같은 맥락에서 여러 우려 섞인 소리가 들릴 때 이러한 소리를 잦아들게 하는 것은 우리가 처한 문제의 기원을 올바르게 추적하는 창조적 고고학creative archaeology입니다.

아퀴나스의 사상에 다시금 눈길을 돌리고자 했던 로마 가톨릭 신학자들도 비슷한 시도를 했습니다. 무한자의 운동에 대한 내적 응답의 수준에 따라 유한자가 달리 행동한다는 논의, 그 무엇에도 방해받지 않는 운동으로서의 존재, 존재의 행위를 설명하고자 했던 토마스의 사상을 회복하는 것보다 인간의 정체성을 고정적인 것으로 보는 것에 반발하는 현대의 논의와 발을 맞출 만한 것이 있을까요?[14] 교부들에 대한 관심을 다시금 일깨운 신신학자들도 마찬가지였습니

---

14 에티엔 질송Étienne Gilson이 현대 아퀴나스 해석에 미친 영향은 마리탱보다도 컸을 것입니다(질송과 마리탱의 논의에는 몇몇 중요한 차이가 있습니다. Ralph McInerny, *The Very Rich Hours of Jacques Maritain: A Spiritual Life*, 125~128). 질송은 특히 아퀴나스의 '실존주의적' 요소를 강조했습니다. 그의 권위 있는 저작 *The Christian Philosophy of St Thomas Aquinas* (New York, Random House, 1956)를 보십시오. 성공회 신학자 에릭 매스컬Eric Mascall은 *Existence and Analogy* (London, Darton, Longman and Todd, 1966)에서 이를 명료하게 기술한 바 있습니다.

역사, 그리고 다시 새롭게 하기 - 그리스도의 몸에 관한 기록

209

다. 그들은 피조물이 하느님의 미래에 열려 있도록 창조되었으며 그 미래를 향해 성장할 때에만 창조의 본래 목적을 이룰 수 있다는 확신을 교부들의 가르침 속에서 다시 읽어냄으로써, 하느님의 창조 목적이 근본적으로 사물(인간)의 본성과 단절되어 있다는 오늘날의 무기력한 생각에 강력히 도전했습니다.[15] 교부들의 저술을 새롭게 조명한 가장 위대한 학자인 앙리 드 뤼박은 저서 『신앙의 역설』Paradoxes of Faith에서 이러한 상황을 매우 정확하게 묘사했습니다.

우리를 신앙의 기원으로 돌아가게 하는 문헌을 대하는 두 가지 상반된 태도가 있다. 그러나 두 가지 태도 모두 필요하다.

본문을 비평하려는 사람은 곧잘 본문을 부풀려 해석해 본문이 본래 의도했던 것을 넘어 이야기할 때가 있다. 그러므로 그는 후대가 자신이 다루는 본문들로부터 끌어낸 것들에 의도하지 않은 영향을 받지 않도록 주의해야 한다. 반면 종교적 입장에서 접근하는 사람은 문헌의 전체 내용, 본래 의도를 파악하기 위해 노력해야 한다. 전자는 인위적인 것들을 피하도록 애써야 하고, 후자는 표면적인 내용에만 머무르지 않도록 주의를 기울여야 한다.[16]

---

[15] Fergus Kerr O.P., 'French Theology : Yves Congar and Henri de Lubac', *The Modern Theologians: Introduction to Christian Theology in the Twentieth Century*, 105~117을 참조하기 바랍니다.

[16] Henri du Lubac, *Paradoxes of Faith* (San Francisco, Ignatius Press, 1987), 107~108.

왜곡하거나 피상적으로 두둔하지 않으면서 역사의 본문에 정직하게 다가가기란 쉬운 일이 아닙니다. 이 탐구를 시작하면서 이야기했던 기본적인 문제들을 되새겨 봅시다. 우선 과거를 낯설게 만드는 요소를 무시해 현재와 과거의 진정한 차이를 간과해 버리고 마는 문제에 대해서는 좀 더 진지하게 접근해야 합니다. 과거와 현재 사이의 진정한 차이와 진정한 연속성을 모두 알기 위해서는 앙리 드 뤼박의 경고를 되새겨야 합니다. 이때 비판적이고 학문적인 접근은 도움이 됩니다. 그렇게 우리 앞에 놓인 것을 의심하고 또 뒤집어 보아야 합니다. 그러나 역사가 실로 우리의 것이라면 이를 살피는 것은 곧 우리 자신의 정체성을 살피는 것이라는 점을 잊어버려서는 안 됩니다.

그리스도인들이 과거에 접근할 때 사용해야 할 핵심 원리는 유비 analogy입니다. 그리스도인으로서 우리는 과거를 돌아보며 우리를 연결하는 공통의 현실이 있다고 확신합니다. 이 현실, 그리스도를 통해 우리가 하느님과 맺는 관계는 서로 다른 맥락 안에서 다양한 방식으로 구현됩니다. 모든 지적 영역에 해당하는 문제지만, 과거와 현재의 차이를 줄이면 줄일수록 그 사이에 놓인 불가피한 긴장은 줄어듭니다. 첫 번째 장에서 저는 정상화가 일으키는 모호한 효과에 관해 언급한 바 있습니다. 또 인간사의 타락이 복음의 진리를 흐리기 전 시기를 과거에서 찾으려는 유혹에 관해 이야기한 바 있습니다. 모든 구성원이 평등했던 원시 교회, 중세의 조화로운 종합, 잉글랜드 내전 이전 성공회의 황금 시기 같은 표현은 그 대표적인 예입니다. 과거 교회 문화의 주변부에서 오늘을 위한 영감을 얻게 해줄 만한 소재를 찾는 움직임은 오늘날에도 이어지고 있습니다. 이를테면 로마 혹은 비잔티움이 표방하는 '주류' 그리스도교에 대한 대안으로 켈트 그리스도교, 시리아 그리스도교를 언급하는 것이 이에 해당합니다. 사람들은 켈트 그리스도교가 여러 가지 측면에서 하느님의 창조를 긍정하며 공동체 중심적일 뿐 아니라 위계질서도 없는 신앙의 모범으로서 '아우구스티누스적' 혹은 '로마적' 교리와 관행에 대한 대안을 제공하는 것으로 여깁니다. 그리고 이러한 견해는 때로 펠라기우스에 관한 공상에 가까운 (낭만적) 해석을 낳기도 합니다(그가 원죄를 부정했기에 하느님의 창조를 더 긍정했다는 식으로 말이지요). 같은 맥락에서 때로는 고대 켈트 종교를 낭만적으로 그리기도 합니다('로마인' 만큼이나 열정적으로 이교도 제단을 파괴했던 웨일스와 아일랜드 성인들이 이를 안다면 경악을 금치 못할 것입니다).[17]

이러한 시도를 모두 터무니없고 쓸모없는 것으로 단정할 수는 없습니다. 과거 주류 교회 밖에 있던 여러 신앙 형태를 진지하게 탐구하는 일은 교회를 보다 성숙한 시각에서 이해하게 하는 중요한 비판적 근거가 될 수 있습니다. 그러나 과거의 부분적인 모습을 우리 나

---

[17] Oliver Davies, Thomas O'Loughlin, *Celtic Spirituality* (New York/Mahwah, Paulist Press, 1999)는 균형 잡힌 본문과 합리적인 개관을 제공합니다.

름의 선호와 추정을 뒷받침하는 근거로 삼는 일은 위험하고 어리석습니다. 좀 더 자세히 이야기해 보겠습니다. 과거 교회의 위계질서는 몇몇 끔찍한 결과들을 낳았습니다. 주류 교회가 몇몇 공동체와 집단을 위계질서에 대한 도전으로 여기고 억압한 것은 부정할 수 없는 사실입니다. 여성, 영지주의자, 켈트인들이 대표적인 희생자들이지요. 그러나 그렇다고 해서 이들이 오늘날 우리가 옳다고 믿는 것을 믿었기 때문에 억압받았다고 단정해서는 안 됩니다. 당시 주류 교회의 결정에 대해 우리가 불편함을 느낀다고 해서 그들에 반대했던 모든 목소리가 우리의 의견과 일치하는 것은 아닙니다. 영지를 믿던 이들은 주교 중심의 위계질서와 성서 문자주의를 공격했습니다. 그러나 동시에 이들 중 대다수는 인간 계층 사이에 뒤바꿀 수 없는 운명이 예정되어 있다고 주장하거나, 몸과 여성을 악하고 불결한 대상으로 취급하곤 했습니다. 그러므로 그들을 어떻게 보든 간에 자유롭고 계몽된 신앙의 선구자로 간주하지 않도록 주의해야 합니다. 마찬가지로 켈트 그리스도인들이 교회의 중앙집권적 권위에 반대한 것은 사실입니다. 그러나 윤리나 교리, 심지어 모국어 전례와 같은 문제에서는 완전히 다른 태도를 보였습니다. 아일랜드 보속록補贖錄, *penitential**을 살짝 살펴보기만 해도 켈트 그리스도인들이 율법주의를

---

* 보속록은 고해자들이 범한 죄의 등급에 따라 세부적인 보속 절차를 규정한 책으로 6세기 켈트 교회에서 가장 먼저 등장했다.

거부했다는 말이 얼마나 근거 없는 주장인지를 알 수 있습니다. 펠라기우스가 원죄를 강조하는 신학에 반대했다는 것은 분명한 사실입니다. 그러나 결과적으로 그는 우리의 노력으로 도덕률을 지켜야 한다는 강력한 의무를 부과했고 이를 지키지 못할 시에는 매우 엄격하게 제재를 가해야 한다고 주장했습니다.[18] 억압되고 불이익을 당한 목소리에 귀를 기울이려 한다면 그들의 목소리를 있는 그대로 들어야 합니다. 그들의 목소리는 과거 어떤 '정통'의 목소리만큼이나 오늘날 우리에게 낯선 목소리입니다.

유비를 인식하고 전개하는 것은 역사적 타자를 타자가 되도록 하는 작업입니다(역사적 타자를 타자로 만나지 못한다면, 우리는 진정한 의미에서 변화를 이루어내지 못할 것입니다). 이는 우리가 그 타자에게 실질적으로, 또한 잠재적으로 어떠한 빚을 지고 있는지를 헤아려보는 것이며, 타자가 어떻게 이 세계와 우리에게 있는 고유한 가능성을 빚어내는지 살피는 것이기도 합니다. 그리스도인에게 이러한 유비의 근거는 궁극적으로 그리스도에게 있습니다. 그리스도인은 한 그리스도인의 행동이 그리스도의 몸 안에서, 몸을 통해 진행되며, 한 그리스도인이 드리는 기도 또한 그리스도의 몸 안에서, 몸을 통해 하

---

[18] Peter Brown, *Augustine of Hippo: A Biography* (London, Faber, 1967), 29장은 여전히 매우 훌륭한 요약으로 남아 있습니다. 『아우구스티누스』(새물결) 또한 다음을 참조하십시오. George Lawless, 'Augustine's Decentring of Asceticism', *Augustine and His Critics* (London and New York, Routledge, 2000), 142~163.

느님께 바치는 것이라고 믿습니다. 이러한 믿음에 비추어 보면 교회의 과거가 우리에게 주는 낯섦을 최소화할 이유는 사라집니다. 단순하고 즉각적으로 입증할 수 있는 느낌과 표현의 연속성에만 의존한다면 분명 문제가 있을 것입니다. 그러나 우리에게 주어진, 우리 곁에서 우리와 함께하시는 그리스도에게 의존하는 일치를 전제한다면, '우리'의 과거는 가장 낯설고 못 미더울 때조차 예상치 못한 방식으로 우리에게 말을 건넬 수 있고, 우리는 이에 귀를 기울일 수 있습니다. 물론 그렇다고 해서 이해에 요구되는 수고가 줄어들거나 불쾌함이 사라지지는 않을 것입니다. 그러나 이를 통해 그리스도에 대한 앎은 넓어지고 깊어질 것입니다. 그리스도께서 하시는 활동은 우리가 마음에 들어 하는 인물과 배경이라는 좁고 편협한 틀에 갇히지 않습니다.

이러한 그리스도에 대한 믿음과 그리스도의 역사적 몸을 대하는 자세에는 일종의 호혜성의 원리가 있습니다. 그리스도의 신적 위치를 확신할 때, 우리는 신앙을 통해 그리스도의 삶과 연결된 인간 삶의 무한한 다양성 가운데 우리와 함께하시는 그리스도를 식별할 수 있습니다. 그리고 이렇게 인간의 삶을 '읽는 것'과 그리스도를 찾는 끊임없는 행동을 통해 우리의 신앙은 성장하고 성숙합니다. 그때 우리는 예수 그리스도가 과거에 있었던 역사적 인물 이상의 존재임을 깨달을 수 있습니다. 그리스도교의 과거에 대해 더 많이, 더 세심하게 살펴보고 과거가 전달하는 다양한 소리에 귀를 기울일수록, 우리는 더 넓고 깊게 볼 수 있는 눈을 얻게 됩니다. 이 눈으로 보면 모든 그리스도인의 생각과 행동이 무언가에 대한 일종의 응답으로 보일 것입니다. 그리스도교 역사는 바로 이 눈으로 쓰여야 합니다.

III

위에서 논의한 몇몇 이야기는 교회의 권위에 관한 질문과 연결되어 있습니다. 근본적으로 이 질문은 교회 공동체를 운영하는 실제 집행 구조에 관한 질문이라기보다는 무엇이 그리스도인에게 중요한 것인지 식별하는 기준에 관한 질문이라고 할 수 있습니다. 지금까지 살펴보았듯 수 세기 동안 사람들은 이 물음에 답하기 위해 다양한 방식으로 역사에 색을 입혔습니다. 4세기 에우세비우스에게는 지중해 세계의 위대한 도시 교회들이 인정한 영적 지도자와 교사들이 가르쳤던 교리가 새로운 혁신을 가늠하는 기준이었습니다. 이런 식의 평가를 니케아 공의회는 결코 받아들이지 않았지만 말이지요. 16세기의 몇몇 종교개혁 변증가는 교회의 역사를 나누는 분수령이 있다고, 모든 면에서 더 훌륭했던 시대가 있었다고 생각했습니다. 이를테면 엘리자베스 1세 치세 초기, 잉글랜드 개혁교회의 가장 뛰어난 변론가였던 솔즈베리의 주교 존 쥬얼John Jewel*은 그리스도교의 처음

600여 년을 그리스도교의 황금기로 꼽았습니다.[19] 다른 사람들도 구체적인 시점을 제시하지는 않았지만 더 옳은 시기가 있었다는 점, 그리고 그 시기를 기준으로 삼는다면 논란을 해결할 수 있다는 데 동의했습니다.

분명히 해야 할 점은 이러한 시도들이 권위의 문제를 해결할 결정적인 답변이 되지는 않는다는 것입니다. 이른바 황금기를 구분하려는 시도에는 많은 문제가 있습니다. 초창기 때 묻지 않은 교회를 기준으로 드는 것 또한 별다른 설득력을 갖고 있지 못합니다. 이를 변호하기 위해서는 여러 파편적인 사실을 근거로 삼아야 합니다. 좀 더 근본적으로, 그리스도인이 될 수 있는 좋은 환경을 갖춘 시대나 더 유리한 시대가 따로 있다는 발상 자체가 그리 적절하다고 볼 수는 없습니다. 키에르케고어가 열정적으로 이야기했듯 우연히 그리스도교의 첫 시대에 살았던 그리스도인이 다른 시대의 그리스도인보다 더 그리스도를 따르기에 유리했다고 할 수는 없습니다. 그렇게 주장하는 것은 믿음이 우연한 시간에 좌지우지된다고 이야기하는

---

[19] John E. Booty, *John Jewel: An Apologist of the Church of England* (London, SPCK, 1963), 126과 6장을 보십시오.

* 존 쥬얼(1522~1571)은 잉글랜드 성공회의 주교이자 종교개혁자다. 옥스퍼드에서 가르치던 베르밀리의 영향을 받았다. 메리 여왕이 즉위하자 박해를 피해 프랑크푸르트를 거쳐 스트라스부르와 취리히에서 망명생활을 했다. 엘리자베스 1세가 즉위하자 귀국하여 솔즈베리 주교가 되었고, 로마 가톨릭을 비판하며 성공회의 노선을 옹호했다. 저작 『잉글랜드 교회의 변론』*Apologia ecclesiae anglicanae*(1562)에서 쥬얼은 그리스도교 첫 600년간의 교부들과 공의회는 성서의 가르침을 충실히 따랐으며, 종교개혁, 특히 잉글랜드 성공회는 이 교부들을 계승하고 있다고 주장했다.

것과 다르지 않습니다.[20] 교리를 판단하는 권위로 성서를 든다고 해서, 정통 신앙에 도달하기 위해서는 그저 성서 저자들이 생각한 것을 재구성해내는 것으로 충분하다고 생각해서는 안 됩니다. 물론 성서가 없었다면, 성서에 대한 독해의 역사가 없었다면 우리는 그리스도인이 될 수 없었을 것입니다. 우리가 끊임없이 성서를 돌아보며 당면한 논쟁과 불확실성에 대한 어떤 답변을 얻고자 하는 것은 전혀 이상한 일이 아닙니다.

이 문제에 관해 적절하게 생각하기 위해서는 '권위'authority라는 단어의 뿌리에 대해 살펴볼 필요가 있습니다. 교회의 권위에 관한 질문은 우리가 누구이고 무엇이냐는 질문, 즉 교회라는 그리스도교 공동체의 '저자'authorship가 누구냐는 질문에 바탕을 두고 있어야 합니다. 답은 분명합니다. 하느님이지요. 그러므로 교회의 가르침을 권위 있게 하는 것은 그 가르침이 지금, 여기서 하느님의 활동에 교회를 열게 하는지와 결부되어 있습니다. 오늘날 제기되는 새로운 논란과 논쟁을 마주할 때 그리스도인으로서 우리는 각 입장을 통해 교회가 하느님의 활동을 얼마나 투명하게 드러낼 수 있는지 숙고해 보아야 합니다. 새로운 실천이나 가르침이 하느님의 활동을 뚜렷하게 드러내는지 검증하기 위해서는 그 실천과 가르침이 하느님의 절대적

---

[20]   Søren Kierkegaard, *Philosophical Fragments/Johannes Climacus* (Princeton University Press, 1985), 66~71.

우선성을 고백하는지, 그러한 우선성에 열려 있는지, 신앙 공동체의 '저자'가 하느님이라는 고백과 어떻게 연결되는지 살펴보아야 합니다. 이때 교회의 공통 언어인 성서에 근거해 논증하는 일은 대단히 중요합니다. 그러나 동시에 우리는 교회의 과거, 이전의 논쟁이 제기한 교회의 본질에 관한 질문들에 관해 경각심을 가지고 고민해 보아야 합니다.

두 가지 사례를 들어보겠습니다. 모두 현대 교회의 맥락에서 남다른 의미가 있는 사례라 할 수 있습니다. 먼저 성공회 일각에서는 인가받은 평신도가 성찬례를 집전하는 것을 두고 치열한 논쟁이 진행되고 있습니다. 일부 신앙 공동체에서는 이미 제한적인 수준에서 다양하게 이를 행하고 있지요. 이러한 시도는 진지한 신학적 성찰에 기반을 두고 있습니다. 성서는 이 문제에 대해 직접적인 지침을 제공하지 않습니다. 평신도의 성찬례 집전은 일차적으로는 사목적 필요에 대한 응답입니다. 나아가 예배를 위해 모인 회중이 모두 그 자체로 온전한 그리스도교 공동체라는 점을 긍정하는 하나의 방식입니다. 이러한 접근은 성사적 공동체가 되기 위해, 또는 성사적 공동체성을 보증하기 위해 서품 받은 사목자를 필요로 하지 않습니다.[21]

₂₁ 시드니 교구가 평신도의 성찬례 집전 권한을 허용하며 이 문제는 호주성공회의 긴급한 사안으로 떠올랐습니다. Peter Carnley, *Reflections in Glass* (New York and Sydney, HarperCollins, 2004) 5장과 6장은 이 논쟁을 흥미 있게 서술합니다. 또한 잉글랜드 성공회 주교원 보고서 *Eucharistic Presidency* (London, Church House Publications, 1997)를 참조하십시오.

이러한 접근은 교회에 대한 전적인 권리가 하느님의 활동에 있다고 보는 기본적인 신학과 어떠한 관련이 있을까요? 평신도의 성찬례 집전을 옹호하는 이들은 적어도 이 문제에 대해 성서가 별다른 지침을 제공하지 않는다는 사실을 지적할 것입니다. 성서가 이 문제에 관해 침묵하기 때문에 그리스도교의 본질적인 문제는 아니라고 말할 것입니다. 게다가 평신도의 성찬례 집전은 결정적으로 사목직의 신학(구별된 초자연적 능력을 가진 그리스도교적 카스트 질서에 대한 생각)을 거부합니다. 그러한 신학은 분명히 반성서적이므로 이를 거부하는 것은 오히려 건전한 교회론을 강화하는 것이라고 주장할 수 있습니다. 이러한 입장에서 신실한 회중은 자신의 정당성을 보증해주는 특정한 위계와 구조를 지닌 집단을 필요로 하지 않습니다. 오히려 우리가 되새겨야 할 것은 모든 인간적·제도적 고려를 넘어서서 회중을 모으시는 하느님의 말씀의 자유라고 말할 수 있을 것입니다.

한편 평신도의 성찬례 집전을 비판하는 입장에서는 보편교회와 유기적으로 연결하는 수단을 식별하는 절차 없이 각 교회에 권한을 부여하는 신학적 위험성을 지적할 수 있습니다. 그리스도인으로서 우리의 정체성은 다른 지역에 있는 그리스도인들과 동시대 및 다른 시대의 그리스도인들에게 빚을 지고 있습니다. 같은 맥락에서 교회는 유한한 인간적 연대가 아니라 그리스도의 몸입니다. 그러므로 서품 받은 사목자가 성찬례를 집전하게 하는 것은 사목직의 권한 문제라기보다는 성찬례가 어느 한 공동체만의 기도가 되지 않도록 회중에 보편성을 부여하고 더 넓은 교회에 자신을 열게 하며, 더 넓은 교회와의 관계 속에서 자신이 누구인지를 아는 것과 연관이 있습니다. 성찬례가 어느 한 공동체만의 기도를 넘어설 때, 우리는 우리가 드리는 찬미와 감사의 희생제를 통해 자신을 봉헌하시는 그리스도의 희생으로 초대받습니다. 각 공동체의 개별 행동이 전체 교회 및 그리스도의 몸 전체와 연관된 행위로 식별되지 않는다면, 교회는 상호 의존적이고 상호인식적인 연결망이라는 의의를 (어쩌면 현저하게) 잃어버리고 맙니다. 물론 서품 받은 사목자에 의한 성찬례 집전이라는 방식이 아니고서도 교회의 이러한 특성을 드러내는 길이 있을 수 있습니다. 그러나 적어도 서품 받은 사목자에 의한 성찬례 집전은 이를 나타내는 '문법'으로 자리 잡은 것이 사실입니다. 주교제 교회가 아니라고 하더라도 말이지요.

물론 실제로는 양측에서 더 많은 이야기를 할 수 있으며 우리는 이 모든 이야기를 경청해야 할 것입니다. 다만 여기서 목적은 양편의 신학적 논증이 하느님의 활동을 투명하게 드러내기 위한 작업에 비추어 구성될 수 있는지 개관하는 데 있습니다. 결정적인 성서적 증거가 없는 경우에도 하느님의 계시에 부합하는지 여부를 따질 수 있습니다. 성서가 어떤 입장을 분명하게 지지하는 것처럼 보이는 사안(이혼, 여성 사목직, 성소수자 문제 등)에 혁신을 제안하는 입장에 속한 이들은 성서의 어떤 내용을 다른 내용에 양보하거나 본문 전체를 새롭게 평가함으로써 일어날 수 있는 변화가, 교회는 하느님의 활동이자 선물이라는 근본적인 그리스도교 이해를 약화시키지 않는다는 사실을 보여주어야 합니다. 많은 경우 새로운 변화에 관한 논쟁은 계속 평행선을 달리거나 고착 상태에 빠집니다. 보수 진영은 진보 진영이 주장하는 혁신이 현대 세속 사회의 가치관을 따르는 것이라며 반대합니다. 진보 진영은 기존의 관행과 견해를 고수하고자 하는 보수 진영을 향해 그들이 자신들의 편견을 정당화하고 당면한 사회적 요청에 귀를 막고 있다며 비난합니다. 2장에서 언급했듯 이러한 문제들에 관해 신학적으로 논의할 수 있는 지점을 더 잘 식별하고, 이를 교회의 참됨, 진정성에 대한 근본적인 관심과 더 잘 연결할 수 있다면 우리는 이러한 문제들을 두고 보다 유익한 논의를 이어갈 수 있을 것입니다.

두 번째는 지난 20세기 마지막 분기에 이루어진 종교 간 대화 interfaith dialogue에 교회가 참여하는 것에 관한 문제입니다. 이는 불가피하게 실천과 밀접한 연관을 맺고 있습니다. 종교 간 경계를 허무는 종교적 의례에 참여하는 것이 과연 정당할까요? 이는 그리스도인에게 분명한 문제를 제기하고 있습니다. 그리스도께서 당신의 몸 안에서 활동하시는 것이 그리스도교 예배라면, 예배를 그 맥락과 대상을 모호하게 남겨도 될 인간의 행위로 치부할 수는 없을 것입니다. 비

그리스도인과 공동의 언어로 예배하는 것은 예배를 어떠한 식으로 든 우리가 주관하는 활동으로 드러내는 것입니다. 여기서 결정권은 '우리'에게 달려 있습니다.

종교 간 예배를 지지하는 신학적 근거가 있다면 이는 교회에서 하느님의 우선성을 적절하게 드러내는 방식으로 구성된 것이어야 합니다. 즉 교회의 행동으로 드러나야 합니다. 이는 결코 쉬운 일 이 아닙니다. (종교 간 예배를 지지하는) 사려 깊은 신학자라면 신중하 게 그리스도를 통해, 그리스도 안에서 성부 하느님께 기도하는 행 동은 세례 받은 사람이 하느님께 '거저 받게 된' 것이라고 논증할 것 입니다. 그리고 이어서 그는 사람들이 개인으로서, 또한 공동체로 서 당신을 향해 기도하고자 할 때 하느님께서는 언제나 이를 허락하 시므로, 이를 분명히 표현하는 구체적인 언어를 요구하는 일은 오히 려 기도하시는 그리스도와 우리의 관계 자체가 '거저 받은 것'이라 는 핵심을 약화할 수 있음을 지적할 것입니다. 종교 간 예배를 지지 하는 이들은 다른 신앙을 고백하는 이들과 함께 예배에 참여한다고 해서 자신들이 그리스도 안에 존재한다는 진실이 무효화 될 수는 없 다고 이야기할 것입니다. 교회는 존재하며, 세례 받은 사람들이 어 디에 있든 그들은 그리스도 안에서 활동하기 때문입니다. 또한 세례 를 받지 않은 이들과 공유할 수 있는 언어를 찾는 것이 반드시 어떠 한 타협을 의미하지는 않는다고 그들은 말할 것입니다.

개인적으로 이러한 주장에 동의하지는 않습니다. 위의 이야기들은 앞서 제시한 기준에 비추어 종교 간 예배의 타당성을 옹호할 만한 논변이 있다면 어떻게 전개될지 짐작해본 것에 불과합니다. 미리 논의 자체가 불가능하다고 상정하기보다는 어떤 신학적 논의가 가능할지 살펴보는 것이지요. 저는 그리스도에 대해 내적으로는 연결되어 있으면서도 표현과 형식에 있어서는 유연한 입장을 취할 수 있다고 보는 접근이 궁극적으로는 공통의 언어를 통해, 시간과 공간을 가로질러 그리스도로 연결되는 공동체를 창조하시는 하느님을 이야기하기 위한 필수적인 요소들을 제거한다고 생각합니다. 이 요소들을 제거할 경우 교회는 필수 사항이 아닌 선택 사항으로 전락하게 됩니다. 그리고 그 결과 눈에 보이고 물질적이며, 역사적이고 언어를 사용하는 그리스도인들의 상호의존성은 추상적인 것이 되어버리고 맙니다. 물론 종교 간 대화를 위해 모두가 공유할 수 있는 의미 있고 창조적인 발전이 이루어질 것은 분명해 보입니다. 최근 많은 이들이 이야기하듯 유대인, 그리스도인, 무슬림이 하느님을 이야기하는 어휘에는 공통의 뿌리가 있습니다. 하느님에 관한, 하느님을 향한 각자의 언어에 긍정적인 관심을 가지고 귀를 기울이는 일은 서로에 영적 깊이를 더하고, 지적인 성장을 이루게 할 것입니다.[22] 한

---

[22] 최근의 저작으로는 David Burrell, *Faith and Freedom: An Interfaith Perspective* (Oxford, Blackwell, 2004)가 있습니다. 또한 *Catholics and Shi'a in Dialogue: Studies in Theology and Spirituality* (London, Melisende, 2004)가 있습니다.

편 더 넓은 범위에서는 그리스도인과 불교인이 대화를 통해 새로운 영적 깊이를 발견하고 있습니다.[23] 이때 서로에게 귀를 기울인다는 것은 구별된 정체성을 표현하는 언어에 귀를 기울이는 것을 뜻합니다. 타종교인과 대화할 때 그리스도인은 세례 받은 사람의 입장에서 말해야 합니다. 우리는 모두 침묵 가운데 함께 모일 수 있습니다. 다른 신앙을 가진 이를 우리 공동체의 예배에 초대할 수 있습니다. 그리고 다른 신앙 공동체의 초대에 응할 수도 있습니다. 그러나 그리스도인과 비그리스도인 모두 예배가 하느님의 권위를 드러내고 하느님 활동의 우선성이 드러나는 터라고 인정할 때에만 그 예배는 온전한 의미에서 예배라 할 수 있습니다. 예배를 함께 드리기 위해 어떤 신앙 전통에도 속하지 않은 언어를 쓰려는 시도는 예배를 통해 그리스도의 몸에 속한 이들이 시간과 지리, 문화적 경계를 가로질러 서로를 인식하게 된다는 확신을 저버리는 것으로 보입니다. 종교 간 만남에서 일어나는 중요한 깨달음, 곧 다른 신앙 전통에 속한 이들에게서도 이들을 주관하시는 그리스도를 발견하는 경험은 우리와 상대 모두가 어느 정도 자기 이해를 공유할 때 가능한 일입니다(그렇지 않다면 오히려 상대가 지닌 실질적이고도 지속적인 타자성을 임의로 축소하거나 줄여버리는 무례한 시도가 될 수 있습니다).

---

[23]   이를테면 Susan Walker, *Speaking of Silence: Christians and Buddhists on the Contemplative Way* (New York/Mahwah, Paulist Press, 1987)을 보십시오.

지금까지 간략하게나마 역사에 대한 성찰에 바탕을 둔 신학적 접근, 다시 말해 예배에서 드러나는 그리스도교 공동체의 근본적인 구별됨을 이해하는 일이 모두가 동의할 만한 공통 기준이 무엇인지 명시되지 않은 문제들, 교회와 관련해 흔히 발생하는 논쟁들을 해결하기 위한 실마리를 찾으려 할 때 어떤 도움을 줄 수 있는지 살펴보았습니다. 이는 그리스도인이 어떻게 건설적으로 그리스도교의 과거와 만날 수 있는지를 모색해 보는 것이기도 합니다. 이러한 측면에서 교회사는 비판적이고 학문적인 역사를 넘어서는 영적인 학문, 영적인 훈련입니다. 그러나 앞서 강조했듯 비판적이지 않다면 영적일 수 없습니다. 학문으로서 엄밀한 역사 서술의 발전은 이전 시대 자기를 옹호하고 선전하는 역사 서술에 대해 바람직하고 환영할 만한 해결책이 되어주었습니다. 그러나 학문적 엄밀함에만 의존할 때 우리는 시간을 초월하는 그리스도의 몸 안에서 이루어지는 끊임없는 대화에서 우리 자신을 소외시킬 수 있습니다. 과거를 확고한 올바름의 기준으로 삼거나 반대로 전근대적인 오류의 집적물로 무시한다면 우리는 과거가 지닌 실질적인 생명력으로부터 단절되고 말 것입니다. 그리고 문제가 되는 과거가 교회의 과거라면, 그 과거가 지닌 실질적인 생명은 궁극적인 의미에서 그리스도께서 지닌 생명이라 할 수 있습니다.

IV

영적 훈련, 다시 말해 그리스도교 공동체의 규율과 그리스도교 공동체에서 진행하는 훈련들은 우리 자신이 모든 의미의 중심에 있다는 추정에 끊임없이 도전합니다. 침묵, 금식, 영성체, 참회, 보속, 심지어 설교를 듣는 행위조차 이 '탈중심화'decentring와 관련되어 있다는 점에서 규율이자 훈련이라 할 수 있습니다. 이러한 훈련이 없다면 우리를 향해 울려 퍼지는 하느님의 목소리는 우리가 만든 각본과 우리가 행하는 연극에 가로막히게 될 것입니다. 그리스도교의 과거를 숙고할 때 '탈중심화'라는 주제는 매우 중요합니다. 첫 번째 장에서 저는 사람들이 자신의 사고와 정체성이 가늠할 수 없을 정도로 복잡다단한 상호 작용의 열매라는 사실을 받아들이기 힘들어한다는 점을 언급한 바 있습니다.

이 책에서 저는 끊임없이 교회의 특성에 관한 근본적인 질문에 집중해 교회가 지닌 공동체적 특성에 대해 살펴보았습니다. 교회는 무언가 독립적인 활동을 통해 소집된 이들이 모인 공동체입니다. 그리스도인으로서 우리는 교회 안에서 우리의 모든 사고와 계획에 앞서는 하느님의 활동에 기대어 살아갑니다. 초대교회는 이를 순교로 표현했습니다. 순교는 우리의 삶이 어떤 인간의 폭정으로 사그라들거나 움츠러드는 (우리의) 것이 아님을 극적인 형태로 보여주었습니다. 종교개혁 논쟁은 피조물의 책임을 저버리지 않으면서도 하느님의 우선성에 대한 확신을 구현할 수 있는 언어와 질서를 발견하기 위한 몸부림을 보여줍니다. 그리고 이를 두고 견해를 달리한 교회들은 한편으로는 분노하며 한편으로는 열정적으로 다툼을 벌였습니다. 교회를 적절하게 정의하기 위한 교회 안팎의 투쟁, 이 투쟁에 관한 기록 전체는 교회에서 권위 있는 것이 무엇이냐는 우리의 근심 어린 질문에 대해 의미 있는 관점을 제공해줍니다. 하느님의 우선적 활동을 가리켜야 할 책임을 진지하게 받아들인다면, 과연 우리는 어떻게 살며 또 행동해야 할까요?

과거를 낯설고 이해하기 어려운 것으로 받아들일 때, 그리스도인은 그리스도인이라는 정체성을 드러내는 인간의 표현과 경험이 얼마나 다채로운지를 보고 놀라워합니다. 이 놀라움은 그리스도께서 모든 인간의 문화와 상상력 안에서 활동하신다는 확신에 활기를 불어넣습니다. 과거와의 상호 작용을 통해 우리가 배운 것, 말하게 된 것은 지금, 여기의 문화적 상황에서 때로 반대에 부딪히기도 합니다. 이를 통해 한편으로 우리는 과거와 현재의 연속성을 깨달으며 다른 한편으로는 다른 이들에게 헤아릴 수 없는 빚을 지고 있음을 깨닫습니다. 우리는 (중세 후기에 관한 유명한 책의 이름을 딴) '머나먼 거울'distant mirror을 보며 우리가 누구인지, 우리가 무엇에 관심하고 있는지 알게 됩니다.[24] 그리고 더 나아가 우리에게는 권리가 없으며, 그

---

[24]   Barbara Tuchmann, *A Distant Mirror: The Disastrous Fourteenth Century* (Harmondsworth, Penguin

리스도인은 고사하고 인간이 된다는 것의 의미조차 우리가 발견한 것이 아니라는 사실을 알게 됩니다. 이 모든 것은 중요한 삶의 태도로 이어집니다. 즉 과거의 낯설고 기이한 '타자성'에 흔쾌히 귀를 기울일 수 있다면, 오늘날 우리에게 낯설고 기이한 모습으로 다가오는 타자들에게도 마음을 열 수 있습니다. 교회의 과거를 능동적으로 받아들이지 못하는 이는 오늘날에도 기존의 생각을 도전하는 것에 마음을 열지 못할 확률이 높습니다.

　오늘날 많은 그리스도인은 문화를 가로질러 일어나는 논쟁을 버거워합니다. 대부분의 서방 교회에서 일어나고 있는 진보-보수 논쟁이든, 서방과 동방 교회 간의 까다로운 대화든, 교회가 다루어야 할 일의 우선순위를 둘러싸고 개발도상국과 번영하는 강대국 간에 일어나는 논쟁이든 간에 말이지요. 우리가 어디서, 어떻게 출발하게 되었는지 묻지 않는다면, 달리 말해 우리가 서 있는 자리를 당연한 것으로 여긴다면 이러한 도전들에 응하기란 매우 어렵습니다. 그리고 '지금, 여기'에서 교회에 질문을 던지는 일은 우리가 낯설게 여기는 교회의 과거와 진지하게 대면할 때 가능해집니다. 모든 진지한 연구는 우리에게서 편안함을 앗아가며 지난한 과정을 거칩니다. 19세기 B.F.웨스트콧B.F.Westcott* 주교는 성서 해석의 문제를 성찰하

_____

　　Books, 1979)
*　B.F.웨스트콧(1825~1901)은 영국 성공회 주교이자 신약학자다. 케임브리지 대학에서

며, 하느님께서는 결코 우리의 수고를 면해주는 방식으로 당신을 드러내시지 않는다고 이야기했습니다.[25] 그에 따르면 하느님의 말씀은 우리가 계속해서 당신에게 귀 기울이기를, 그렇게 할 수 있을 정도로 성장하기를 요구하십니다("자라나 나를 맛보라"라고 우리를 재촉하시는 하느님을 그린 아우구스티누스의 『고백록』을 떠오르게 하는 표현입니다).[26] 우리 안에서 일어나는 논쟁은 실제로는 그러한 성장에 따르는 수고를 회피하는 것일 수도 있습니다. 역사와 함께 살아가며 능동적으로 역사를 대면하는 수고를 기꺼이 받아들이는 이유는 우리가 역사를 통해 계시된 종교를 믿기 때문만이 아니라, 우리 모두가 서로에게 빚을 지고 있음을 믿기 때문입니다. 역사를 간단히 폐기할 수 없는 이상, 우리는 이처럼 지난한 대화, 과거와 현재가 던지는 질문에 응답하는 과정에 참여할 수밖에 없습니다. 이를 통해 우리는 공동체를 이룬다는 것의 의미와 세례 받은 그리스도인의 의미를 더 온전히 깨닫게 됩니다.

대다수 서구 그리스도인은 서구 문화가 다른 문화보다 우월하다고 믿어 의심치 않습니다. 그래서 이에 대한 모든 도전을 극도로 경계합니다. 그렇기 때문에 첫 장에서 살펴본 것처럼, 과거의 모습에

가르쳤고 더럼 주교를 지냈다. 1881년, F. J. A. 호트F. J. A. Hort와 함께 28년간의 작업 끝에 내놓은 희랍어 비평판 성서는 영미 성서학 연구에 크게 기여했으며, 치밀한 비평 원칙과 방법으로 오늘날에 이르기까지 높은 평가를 받고 있다.

[25] B. F. Westcott, *Lessons from Labour* (London, Macmillan, 1901), 148.
[26] 『고백록』 VII.10.

대해 혼란스러워하는 것은 우연한 일이 아닙니다. 다양성을 적극적으로 긍정하는 오늘날 서구 문화가 정작 자신의 역사에서 드러나는 과거와 현재의 거리와 간극을 받아들일 준비가 제대로 되어 있지 않다는 사실은 실로 아이러니한 일입니다. 물론 현대 서구는 수십 년간 자신이 당연하게 여기던 우월성을 향해 끊임없이 다가온 여러 도전에 맞서야 했습니다. 20세기 대부분의 시간 동안 서구 사회는 역사의 단일한 방향성을 주장하며 반종교적 기획을 추진하면서도 사실상 또 하나의 종교적 전망과 다름없는 역사관을 강요하던 사조와 대치했습니다. 마르크스주의가 퇴보하자, 서방 세계는 계시와 분리된 합리적인 사회적 기구란 존재할 수 없다고 주장하는 정밀하고 비판적인 어느 종교 체제와 마주하고 있습니다. 현대 서구 사회는 이슬람과 대면해 참된 자기비판을 허용하는 방식의 만남을 추구해야 합니다. 새로운 보편적 맥락에서 이루어지고 있는 범세계적 소통과 경제 통제, 상호 작용이 반드시 근대 서구 합리주의와 보편주의의 승리를 뜻하지는 않습니다.

이 때문에 그리스도인은 '서양the West 역사에서 자신이 선 자리에 대해 좀 더 신중하게 다루어야 합니다. 오늘날 많은 사람은 현대성이라는 기치 아래 서양 역사에서 그리스도교가 차지하는 비중을 간과하거나 부정하곤 합니다. 이렇게 사장된 그리스도교 전기biography를 파헤치는 일은 단지 교회의 유익을 위한 일을 넘어 현대 서구 문화의 지적 · 정서적 안녕에 기여하는 진지한 작업이라고 할 수 있습니다.[27] 오늘날 문화는 지나간 시대에 그리스도교 신앙이 작동했던 방식에 대해 너무나 무지합니다. 이는 교회도 마찬가지입니다. 그리고 그런 교회는 세상을 향해 증언하는 힘을 크게 잃어버렸습니다. 다시금 교회는 보편적 공동체에 대한 약속을 증언해야 합니다. 교회가 증언하는 보편적 공동체는 인간의 보편적 권리와 이성에 대한 추정에 근거하지 않습니다. 오히려 이 공동체는 역사 안에서 이루어지는, 역사적 인간에 현존하시는 하느님의 활동, 이 활동이 어떻게 모두를 연결해 소통하게 하는지를 드러내는 이야기에 바탕을 두고 있습니다.

단일한 공동체에 관한 기록으로서 그리스도교 역사 서술에 있는 다양성을 이해하고 이를 확장함으로써 그리스도교 공동체는 문화적 동질성에 의존하지 않는, 더불어 살아가는 삶의 모범을 이 세계를 살아가는 우리에게 제공합니다. 그리스도교 역사 서술은 어떻게 그리스도인이 끊임없이 교회의 본질을 다시 발견했고 정의했는지 보

---

[27] 역사학자 조너선 클라크Jonathan Clark는 모든 역사적 관점을 아무렇지도 않게 해체하는 포스트모던 시대의 다원주의를 '현대주의'presentism라고 부르며 그 위험성에 관해 서술합니다. "현재를 과거로부터 해방한다고 주장하며, 현대주의는 미래 또한 파괴할 것이다. 미래는 우리가 지금 가진 것과 본질적으로 다르지 않기 때문이다. 세계는 더는 괴로움과 성취로 기록되지 않고, 어떤 끝없는 쇼핑몰이 되어버린다. … 과거 세대들은 더는 미래 세대와 연결되지 않는다. 같은 쇼핑몰에서 물건을 사지 않았기 때문이다. 미래 세대들은 더는 차이와 연속성의 문제에 주목하지 않을 것이다. 그들은 더는 거기서 물건을 사지 않을 것이기 때문이다." J.C.D. Clark, *Our Shadowed Present: Modernism, Postmodernism and History* (London, Atlantic Books, 2003) 28.

여쭙니다. 이 모든 것을 이야기하기 위해서는 커다란 수고를 기울여야 합니다. 그리고 이는 무엇이 과거와 현재 사이의 중대한 차이를 가로질러 연속성과 일치를 주는지 식별하는 어려운 작업을 포함합니다. 보다 엄격하고 회의적인 학문 도구를 사용하라고 요구하는 시대에 여러 측면에서 이는 훨씬 더 복잡해지고 어려워졌습니다. 그러나 그만큼 우리가 오늘날 그리스도인이 된다는 의미를 이해하고자 과거에 다가갔을 때 얻을 수 있는 것은 더 흥미롭고 광범위해졌습니다. 우리가 기억하고 대화하는 역사 속 낯선 이들이 처음 생각했을 때보다 더 낯설게 다가온다면, 이는 교회에 대한 믿음, 즉 그리스도의 몸에 대한 믿음 자체가 낯선 것이라는 뜻일 것입니다. 그리고 이는 교회의 존재에 대한 적절한 응답이 근본적으로 감사임을 일깨웁니다. 왜 자신의 존재에 감사해야 하는지에 대해 교회가 점점 더 체계적으로 성찰하면 할수록 그 교회는 더는 자신의 모습에 대해 놀라지 않는 교회보다 더 효과적으로 하느님의 계시를 증언할 것입니다. 다양성이 혼돈으로 치닫고, 전 지구적 일치는 극히 악의적인 형태로만 나타나는 이 세상에서, 인간 공동체가 모든 선물 중에서 가장 놀라운 선물이라는 점을 일깨우는 일은 전 지구적 조화를 열망하면서도 오히려 더 심각한 혼란을 겪는 지금, 여기를 돌파해나갈 수 있는 길이 될 수 있습니다.

예수의 삶은 하느님이 어떤 분이신지 드러냅니다. 교회는 예수의 삶이 드러내는 하느님의 정체성을 따르고, 탐구하며, 명료화합니다. 이러한 따름과 탐구, 명료화의 역사가 교회의 역사입니다. 하느님은 그저 역사의 무대에 등장하는 여러 인물 중 하나로 환원되거나 축소될 수 없습니다. 달리 말하면 하느님께서는 가장 철저하게 낯선 이로 우리에게 다가오십니다. 그러나 하느님께서는 모든 시대에, 모든 시대의 모퉁이에서, 행위 하는 인간과 친교 맺기를 바라십니다. 그리스도교 신학은 인류 공통의 세계를 창조하시는 낯선 하느님을 기립니다. 그리고 그렇게 함으로써 인간의 참된 가능성을 확립합니다. 그렇게 확립한 가능성이 만드는 연대와 조화는 한시적인 인간적 동맹에 의지하지 않습니다. 공동 이익이나 공동 목적이라는 정의에 의존하지 않습니다. 교회의 역사에 관한 우리의 탐구가 종교적이고 세속적인 부족주의에 대한 전면적인 도전에 새로운 활기를 불러일으킬 수 있다면 이는 더욱더 값진 것일 터입니다. 오늘날 우리 시대의 문화, 말 많고, 자신을 비판적으로 보지 못하는 문화 가운데 우리의 탐구는 대화가 이루어질 수 있는 공간을 마련할 수 있습니다. 우리가 역사적 자아 성찰에 얼마나 힘을 들여야 하는지 일깨워 줄 수 있습니다. 그렇게 모든 것을 질식시키고 있는 환경에 새로운 숨을 불어넣을 수 있습니다. 그리하여 우리는 조금이나마 맛보아 알 것입니다. 그리스도인이 자신의 자유를 이 세상 너머에 계신 하느님의 주권에 맡기는 것이 어떠한 의미를 갖는지를.

교회가 증언하는 보편적 공동체는
인간의 보편적 권리와 이성에 대한 추정에 근거하지 않습니다.
오히려 이 공동체는 역사 안에서 이루어지는,
역사적 인간에 현존하시는 하느님의 활동,
이 활동이 어떻게 모두를 연결해 소통하게 하는지를
드러내는 이야기에 바탕을 두고 있습니다.

| 찾아보기 |

과거의 의미
— 역사적 교회에 관한 신학적 탐구

초판 발행 | 2019년 6월 30일

지은이 | 로완 윌리엄스
옮긴이 | 양세규

발행처 | ㈜타임교육
발행인 | 이길호
편집인 | 김경문
편   집 | 민경찬 · 양지우
검   토 | 김준철 · 손승우 · 정다운
제   작 | 김진식 · 김진현
재   무 | 강상원 · 이남구 · 진제성
마케팅 | 이태훈 · 방현철
디자인 | 민경찬 · 손승우

출판등록 | 2009년 3월 4일 제322-2009-000050호
주   소 | 서울시 성동구 성수동2가 281-4 푸조비즈타워 5층
주문전화 | 010-9217-4313
팩   스 | 02-395-0251
이메일 | innuender@gmail.com

ISBN | 978-89-286-4558-9 (04230)
         978-89-286-3073-8 (세트)
저작권 ⓒ 2019 (주) 타임교육